売れなかった
モノが一瞬で
ヒット商品に！

商品プロデュースの発想法

河瀬和幸
Kazuyuki Kawase

啓文社書房

商品プロデュースの発想法

河瀬和幸
Kazuyuki Kawase

はじめに　〜お客様の心理がヒット商品を生む〜

雨の日はだれでも気分が沈みがちになります。それに反して、晴れの日は気分がいいものです。

「うっとおしい日だな」という心理が根底にあるか、「爽やかな気分のいい日だな！」という心理が根底にあるかによって、人の気分は大きく変わるのです。人は曇っているときより晴れているときの方が、楽観的になるのではないでしょうか。それはもちろん、買い物のときにも大きく影響するのです。

3連休、さて、どの日に一番、お店やテーマパークが混むと、あなたは思いますか？

初日、二日目、それとも三日目？　答えは二日目です。

「さあ、明日からお休みだ」と思うのと、「まだ、明日もお休みだ」と思うのと、「さて、明日から会社か」と思うのとでは、心理が全く違うはずです。

また、「通勤電車は、いつも同じ時間帯に混むから嫌だな」と分かっていても、その時間帯を外して通勤しようと本気で考える人は、ほとんどいません。

日々の心理と、慣らされた習慣から、人はそう簡単には抜け出せないのです。

「いらっしゃいませ！」、「ありがとうございました！」を、従業員に大きな声で言わせていた本屋さんがありました。お店としては元気な店づくりをしようと考えたのでしょうが、次第に客足は遠のき、ついにはその本屋さん自体が無くなってしまいました。

だれもがその本屋さんで感じたことは、同じなのだと思います。

「売れる店は活気がある」といっても、ＴＰＯ（時と場所と機会）を考えないと、どこででも、誰にでも、同じ心理が働くとは限らないのです。

さらに、あなたは友だちとホテルで待ち合わせをするときに、ホテルのどんな場所で、相手を待ちますか？

同好会や同窓会などで懐かしい人を待つときは、広いロビーのようなところでキョロキョロしながら待つのではないでしょうか？　でも、大切な恋人ならどうですか？　ロビーの柱を背に、待とうとするのではないでしょうか？

このように、見ず知らずの他人でも一緒になれる空間や、逆に他人には入られたくない空間を、人は無意識のうちに分けています。

次の場合はどうでしょう？　スーパーに行って肉を買うとき、パックにある表示を見ます。「赤身が75％」と表示されたときの方が、「脂身25％」と表示されたときより、その肉をおいしく、脂っぽさが少ないと感じ、カゴの中に入れてしまうのです。

書いてある内容は同じでも、表現方法が違うだけで、まったく違った商品に思えてしまうわけです。

◆どうして人はお店にくるのか？

人の心理を知る上で、リアルな店舗は、最強のツールです。

前述したような心理の変化を、自分の目で追うことができるからです。

自分の皮膚を通して何かに直接触れることの少ない現在、リアルな店舗はお客様の反応がダイレクトに見える、めったにない場所です。

しかし、そこに問題意識を感じなければ、起こる現象は何事もなかったのかのように、流れて行ってしまいます。

それでは、われわれ販売員は、商品説明をして、モノを売るだけのマシーンと化してしまうのです。

ＡＩ（人工知能）の技術が急速に進んできた現在、商品説明をするだけの機能なら、自分で学習するＡＩを搭載したロボットに負けてしまうわけです。

問題意識を持つというのは、そもそも、人は、どうしてお店にくるのか？　と考えることです。

「どうして人は、お店にくるのか？」という質問を、実際にお店で働く人たちに聞いてみたことがあります。そのほとんどの人の答えが、

「買い物をするために、お店にくる」という答えでした。

今度はお店の従業員にではなく、お客様に同じ質問をしてみました。

「今日は何を買いに、お店にきたのですか？」と。

すると、聞いたお客様の8割は、「ただなんとなく」という答えなのです。

実はこのことはとても重要なことなのですが、明確に「コレ！」と決めて買い物にくるお客様などほとんどいない、ということが分かったのです。

ですから、もし私が、「どうして人は、お店にくるのか？」と聞かれたら、私は他の販売員たちとは違って、「モノが欲しくなるために、お店にくる！」と答えます。

これまで大手有名雑貨店から突如としてブレークし、巷に出て行って「ヒット商品」となった数々の商品があります。

そんな「ヒット商品」の数々に、私は関わってきました。

「ヒット商品」をつくるには、まずは、「お客様とはどういうものであるのか」ということを知らなくてはなりません。

実は、お客様にはお客様さえも知らない、無意識に働く心理があるのです。

それを知った上で、既存の商品をいろいろな視点からリニューアルするのが、私の「ヒット商品」をつくる発想法です。

ですから、それほどのお金が無くても、天才的なひらめきがなくても、だれにでもできるのです。

この本では、それらを具体的に、みなさんにご紹介していきます。

この本を読み終えたら、さっそく行動に移してみてください。すると「売れない」と悩んでいた商品が、急に売れ出すことも決して夢ではありません。

そして、それらがヒット商品となり、みなさんが、これまでとは違う新しい景色を見ることを心から祈っています。

商品プロデュースの発想法

＊目次

はじめに　～お客様の心理がヒット商品を生む～　2
◆どうして人はお店にくるのか？　4

第1章

売れなかったモノがヒット商品になる心理　17

お客様は欲しいモノが分かっていない　18
◆人は自分の欲しいモノが分かっていない？　19
◆人の記憶は実に曖昧である　22
◆「ニーズ」に気づかせて「ウオンツ」に変える　24
◆いかにして人はモノを買いたくなるのか？　26
◆心理は動く　28
◆仕草は、口ほどにものを言う　32
人には嘘をつけない部分がある　36
観察することの大切さ　39
◆洞察力を身につける　40

お客様には思考・行動パターンがある　43
人は無意識に動く　49
「人がたくさんいるから売れる」わけではない　51
人は自分の興味のあるもの以外は見えない、聞こえない　53
人は選択肢がなければ買おうとしない　55
相対比較の中で、モノの価値は生じる　57
人は単純にふれる回数が多いモノや人を好きになる　59

第2章

お客様が買うまでのステップ　65
死に筋があるから売れ筋がある　66
人は色や食感で品質を判断する　68
音は相手の意識に染み込む　71

メッセージには裏と表があり、人は裏を重視する　76
人は、他人から何かをしてもらうと、お返しをしなくてはならないと考える　79
どこでも簡単に手に入るものの価値は低く、手に入りにくいものの価値は高くなる　85

第3章 お客様の心をつかむ方法

第3章 お客様の心をつかむ方法　91
条件は同じでも、どこを基準にするかによって、最終的な判断が変わってくる　92
最初に示された情報が印象に残って、判断に影響を及ぼす心理　94
暗に示すテクニック　97
一瞬にしてお客様の心をつかむ　100
◆お店の中の移動ゾーン　101
◆お店の中での人の手や目の動きが分かるか？　104

◆人は目に見えるモノしか信じない　107

買うにいたる5ステップの心理　109

相手の心の状態を読む習慣　119

第4章 SNS時代のヒット商品のつくり方　123

認知は購買を誘導する！　124

◆メディアの活用　126

◆SNS、これもメディアの一部です　128

◆SNS、こんな私でも使っています！　133

◆ハガキとSNSは同じです　135

◆ハガキ12枚で受注した1千万円　137

◆SNS機能の使い分け　138

◆水戸黄門のストーリーがSNSの使い方の神髄です　142

◆SNSでは「嘘」と「モラルの無い行為」はご法度　144

◆ニュー・メディアとオールド・メディア　147

◆スイングバイ航法　152

◆リアルとバーチャルの融合　153

◆これからのお店のあり方　155

第5章 なぜこの商品は成功したのか？　159

ヒットに成功した商品①
「マイクロナノバブルのシャワーヘッド」　160
◆何をもってヒット商品と呼ぶのか？　160
◆ヒット商品を輩出すると会社はどうなるの？　162
◆自分の意思で仕事がしたい　164
◆付加価値に目覚める　165
◆「良いモノ」は「売れる」か？　166
◆価値を創出する　167
◆発想をカエル　168
◆価値を伝える　169
◆カテゴリーを変える　169
◆実演販売でお客様の心をつかむ　170
◆カテゴリー内一番戦略　172
◆ヒット商品炸裂！　173
ヒットに成功した商品②
「イエローハットでのタイヤ」　175
◆兄ちゃん、タイヤ見て！　175
◆お客様が怖い　177

◆タイヤって、丸くない？　179
◆販売の5階段　180

ヒットに成功した商品③「水の美容液」　183

◆業態転換　183
◆パッケージの大切さ　185
◆カワセ式販促フレームワーク　187
◆道具をつかう　192
◆人は相対比較の中に価値を生み出す　194

第6章 ヒット商品には法則がある

197

ヒットに成功した商品④「傾斜のついた座布団」　198

◆大手有名雑貨店〝伝説の商品〟のはじまり　198
◆「製品」と「商品」の違い　200
◆コンセプトの追求　201
◆「ニーズ」と「ウオンツ」の変換器としての実演販売　203

◆メラビアンの法則　204
◆商品ジャンルの変更　205
◆パブリシティの活用　207

ヒットに成功した商品⑤「シルクの石けん」　208

◆独立販売員として　208
◆「売れないお店の、売れない場所で、売れない商品」を扱ったからこそ、「売れる理由」が見つかった　210
◆完売王として　211
◆思わぬアクシデント　212
◆銀行融資を引き出す法　213
◆商品の3分類　216
◆「売れる」商品に大切なこと　219
◆ヒット商品とは?　221
◆かくしてシルクの石けんは、「中ヒット」になった!　223

第7章 なぜこの商品は失敗したのか？

ヒットに失敗した商品①「ダイエット健康食品」 226
◆大失敗した商品？ 226
◆お客様からの一本の電話 227
◆ダイエット商品の実演販売 229
◆売れに売れてヒット商品になったものの 230
◆売れないモノの6分類 232
◆ニセモノかキワモノか 237
ヒットに失敗した商品②「超微粒子のクッション」 238
◆売れに売れて大人気 238
◆拡大路線のワナ 239
◆売れに売れて、倒産！ 240
◆商品は社長の思想の表現物 243

ヒットに失敗した商品③
「沖縄の泥パック」 244
◆届かない商品 244
◆ただほど高いものはない 245
◆類は友を呼ぶ 247
◆「ヒット商品」は怖い 248

おわりに　～商品が無ければ伝えられないこと～ 250

第1章

売れなかったモノがヒット商品になる心理

お客様は欲しいモノが分かっていない

私が固形石けんを売ったときのことです。

「固形石けんって溶けて汚《きたな》らしくなるし、泡は立ちにくいし、いまさら使う人もいないでしょう?」と皆さん言います。しかし、私がお客様の手を洗う実演をすると、お客様は決まって次のように言うのです。

「コレよ、コレ! 私は、コレが欲しかったのよ!」と。

〝傾斜のついた座布団〟を売ったときのことです。お店のスタッフだれもが言いました。

「こんな座布団、売れるのか? それも値段が８１９０円?」

私はお客様に言いました。

「パソコンの前にいると、腰が痛くなりませんか? これを敷いてみて? どう?」

〝傾斜のついた座布団〟に座ったお客様は言います。

「コレだよコレ、コレを俺は探してた!」

他のオリーブオイルより値段の張る〝七味唐辛子入りオリーブオイル〟を京都の有名百貨店で売った時、店頭に並んだその商品を見て店長は言いました。

「こんな高いオリーブオイルをこんなに並べて、いったい誰が買うの？」

売ってみると、この商品も他の安いオリーブオイルの10倍売れて、閉店までに100本が売れました。

私は、こう言っただけです。

「この寒い季節に、これを湯豆腐に垂らしてみて！」と。

そして試食をすすめたのです。

試食したお客様は言いました。

「とてもおいしいじゃない、コレよコレ、こんなのが欲しかった！」

◆人は自分の欲しいモノが分かっていない？

私はそんな経験を重ねることで、「お客様は欲しいモノが分かっていない」という結論に達したのです。

そしてお店には、「何を買うか」というのではなく、「外は寒いから」とか、「外は暑いから」とか、「何か面白いモノがないかな？」と、とにかく、ただ「なんとなく」お店にくる人が多いのです。

かつて、ある有名な登山家が、「なぜ、あなたはエベレストに登りたいのか？」と問われて、「そこにエベレストがあるから」と答えたという逸話がありますが、お客様に「なぜ、あなたはお店にくるのですか？」と問えば、「そこにお店があるからだ」となるはずです。

そしてお客様は、このただ「なんとなく」の気分の中で商品を買って、使った商品が気に入ってしまうと、「私はこれを買いにきたのよ！」と思い込んでしまうのです。それを店員は勘違いして、「お客様の欲しいモノを揃えろ！」とあちらこちらと探し回って、売れずに失敗するわけです。

つい最近、化粧品売り場で大流行した商品に、歌舞伎役者がデザインされた顔パックがあります。

この商品は、最初、どこのお店も採用してくれませんでした。しかし、大手有名雑貨店が採用して、それを細々と陳列してから、爆発的に売れ出し、徐々に陳列面積が大きくなり、つい最近まで、その商品が置いていない雑貨店売場は日本中にありませんでした。

今はそのブームも終わり、売場面積は小さくなってしまいましたが、私はその商品の出初めから、売れていく様子を、その商品の横に立って、時系列でチェックしました。商品が生まれてから、成長し、大人になって、衰退してくまでの一生を観察していたのです。

人はその人自身、自分の欲しいモノを知らないわけです。知らないまま、そこにお店があるから、ただ「なんとなく」、お店にくるのです。そのお店にきた人が、無意志のうちに何かに刺激されて、自分の欲しいモノを見つけるのです。

その刺激されたものは、お店のディスプレイかもしれないし、友達が持っていた商品だったかもしれない。たまたま行きつけの美容室で読んだ週刊誌に載っていたモノかもしれないし、TVドラマのワンシーンで見たモノだったのかもしれない。要は刺激された本人が、いつ刺激されたのかさえ知らないのです。

いつのまにか刺激された何かに影響を受けて、後日何かをキッカケとして、その刺激が大きくなって、モノを買うのです。

ある日、10万円の封筒を握りしめたおばさまが、息を切らして大手有名雑貨店に来て、そこに立っていた私にいきなり言いました。

「マッサージ器を下さい?」

「マッサージ器って、どんなマッサージ器でしょう?」

「ホラ、以前あの場所で実演をしていたマッサージ器」

「いろんな種類のマッサージ器の実演販売を週替わりでやっていますので、メーカー名とかが分からないと……、お分かりになります?」と聞くと、おばさまは残念そうな顔で、銀行の封筒に入れた10万円を握りしめています。


おばさまは以前に実演で座ったマッサージ器のことが、記憶の中底にこびりついていたのでしょう。それが次第に頭の中で大きくなって、「給料日」がキッカケとなって、俄然、欲しくなったらしいのです。

結局おばさまは、記憶をたどりながら実演していた日を割り出し、メーカー名をつきとめて注文しました。

◆人の記憶は実に曖昧である

人は自分が意識しようがしまいが、好むと好まざるとにかかわらず、いつもどこからか「情報」という刺激を受けています。

脳科学者によると、人はそんな刺激をすべて覚えていると言います。しかし、意識上では、そのほとんどすべてを忘れてしまうようです。すべて覚えているのは、無意識の中での出来事ということです。

無意識というコップに、水のごとく刺激が注がれ、たまり、あふれ出てはじめて、それが意識上に上ってくるのです。

私は販売するとき、いつもそのことを考えてきましたが、売場での長い経験から、それを証明できるような場面に数多く出会うのです。

お店で商品を買ったお客様に、私が、「どうしてこれを買おうと思ったのですか?」と聞くと、すべてのお客様が「これが、欲しくなったから!」と答えます。

そんなお客様に、「いつ欲しくなったんですか?」と続けて聞くと、「いま、あなたに紹介されたから」と答えます。

でも、脳科学からすると、そんなはずはないのです。人の思考は、記憶の積み重ねから生まれるのであって、どこか脳の裏側で記憶していたことが、私の説明で目覚めたということです。

人は無意識のうちに、情報がドンドン入ってきます。電車に乗った時に目に入る中吊り広告、お店の中を歩きながら耳に入るCMミュージック、街中を歩くと目に飛び込んでくるショーウインドウ越しのディスプレイ商品、何かを検索する度に出てくるアフリエイト広告……。そんな情報が、本人が意識する、しないに関わらず否応なく入ってきます。

人は意識せずに見たり聞いたりしている情報が頭の中に蓄積していきます。自分の憧れの小説家だったりが持っているペンを見て「ああ、あんなペンいいな」と思ったとして、値段を調べてみるとなんと3万円。あまりに高いのでその場では、あきらめます。

ところが、人がいったん興味を持つと、今度はどこへ行ってもそのペンがよく目につくようになるわけです。そして、たまたま通りすがった百貨店の大売り出しで、同じペンを1万8千円で見つけるや、俄然そのペンが欲しくなります。そこに「残りあと1つ」のPOPなどを見れば、即それを手に取ってレジに走るわけです。

◆「ニーズ」に気づかせて「ウオンツ」に変える

私はいつも販売員を指導するときに、「お客様の心の底に眠っているニーズに気づかせるのが、販売員である皆さんの役目ですよ。ホラ、お昼時にお腹が減ったなあと漠然と思うわけです。そんなときに焼き肉のいい匂いがしてくると、今日は焼き肉弁当にしようかなって思いませんか?」と言います。

「お腹が減った」がその人の「ニーズ」で、焼き肉のいい匂いを嗅いで、「焼き肉弁当にしようかな」が「ウオンツ」なのです。

人は、何かに刺激され影響されていたことを忘れたまま、「なんとなく」お店にきて、お店で何かの刺激を受けるわけです。そして、かつて自分が刺激されたものをそこで自然に思い出して、「そうだよ、私が探していたモノがここにあったのよ!」と、それまでボンヤリしていたものがハッキリするわけです。

私が大阪にある大手カー用品店に勤務していたときに、タイヤを見にきたお客様が決まって言う言葉がありました。

「にいちゃん、向こうのカー用品店の方が安いで!」

私の勤めていたカー用品店の近くには、別の大手カー用品店がありました。

しかし、同じような規模のカー用品店で、それほどタイヤの金額が違うと思えなかった私は、ハガキにタイヤの大きい絵を描いて、そこにお客様のタイヤのサイズ、メーカー名、値段を書き入れました。

「お客様、このハガキに描いてあるのが今のお客様の履いている車のメーカー名とサイズ、そして値段です。どうぞ向こうのカー用品店に持って行って買う時の参考にしてください」と、くる人くる人にお渡ししたのです。

なぜなら、お客様は、違うメーカーと比較したり、違うサイズのものと比較したりで、「なんとなく比較しているのではないか？」と私は思ったからです。

そのハガキを渡されたお客様は、その後、次々と私のいるカー用品店に戻ってきて、「にいちゃん、こっちの方が安かったで」とか、「にいちゃん、それほど変わらへんかったなあ」と言っては、「だったら兄ちゃんから買おうと思って」と、私の元にわざわざ戻ってきてくれたのです。

このように、「あっちのタイヤの方が安いで！」と言ったお客様の例のように、「人の記憶は、実に曖昧である」ということを知った私は、日本一タイヤが売れるようになったのです。

◆いかにして人はモノを買いたくなるのか？

ある日、私が販売していた有名雑貨専門店・心斎橋店の開店直後に、初老の男性客が来店しました。

その男性客の歩いた床には、靴のかかとの跡ができました。実は、この歩き方をする人は、腰回りの筋肉が衰えているため、腰に不具合を抱えている傾向があるのです。

しかし、本人はあまり意識していないので、そのお客様にいきなり、「お客様、腰が痛いでしょう?」と聞くと、自分の腰の不具合に気づいていないお客様は、「何かを売りつける気か?」と怒り出す可能性があります。

そこで、私はその男性が歩いてくるだろうところに〝傾斜のついた座布団〟を敷いた椅子を用意しました。腰に不具合のある人が〝傾斜のついた座布団〟に座ると、重心が移動するため、腰が軽くなった感じがするのです。私は、その男性客を〝傾斜のついた座布団〟の上に座らせることに成功しました。

その男性客が椅子に座る姿勢を見ていると、背もたれにもたれて座るのです。そういう人は骨盤が前にせり出すので、上半身の体重が腰の部分に集中して、痛くなる傾向があります。その点に注力しながら雑談を進めたのです。

すると、その男性客がこれまで、「なんとなく、感じていた体の不具合」に気がつき、それが柔らかいマットレスに寝ることからくることが分かり、その場で私の説明した寝具を買っていかれたのです。ついでに、先ほど椅子に敷いてあった〝傾斜のついた座布団〟も一緒にでした。

雑談から、一瞬で20万円近くが売れた例です。

この男性客が、椅子に座ったとき、私はこの男性客のニーズを見つけるための雑談の媒介道具として、〝傾斜のついた座布団〟を使ったのです。

◆心理は動く

女性客が、シルクの石けんの実演をしている私の前を通り過ぎようとしています。

「毛穴ツルツル」とつぶやきます。

当然、女性客は足を止め、

「アッ、実演につかまっちゃった！」と言います。

足を止めてもらえば、ほとんどは実演が可能です。

実演が終わると、お客様は売っているシルクの石けんを手にして、「今日は石けんを買うつもりではなかったのよ。アレッ、私、何を買いにきたか忘れてしまったわ。まあ、いいか……、ありがとう」と、お礼を言って、石けんを買って帰っていきました。

私はいかにして石けんを売ったのか？

そもそも女性客は、「固形石けんは泡が立ちにくい、ドロドロに溶けて汚《きたな》らしくなる」という先入観念を持っている人が多く、わざわざ高い固形石けんを買う人は少ないのです。

そこで私は、その先入観念からお客様を解放するために、通りすがりの人の心をスッとつかみ、実演販売をします。

お客様の片手を洗うという実演販売をしながら、私はさりげなく言うのです。

「固形石けんって、お風呂場なんかに置いておくだけでドロドロに溶けてしまうじゃないですか……」と、あえてお客様が同意しやすいような質問を投げかけるのです。

するとと決まってお客様は、

「そうよ、だから固形石けんは嫌なのよ。汚らしいし、泡が立ちにくいのよ」と、買わないのを前提にした答えをするのです。次に３６９６円（税別前）の値段を見たお客様は決まって、

「ワー、この石けん、いい値段がするわネ！」と言うのです。

「この石けんは、溶けないから半年はもつのです。だから月割りにすると安いんですよ」

と私が返したところで、それを聞いている人はほとんどいないのを経験上知っています。

お客様にとっては、「固形石けんは泡が立ちにくい、溶ける」というバイアス（先入観）がかかっている以上、そこに「泡が立つ、溶けない」という言葉をなげかけて、「6か月は持つのだから、1か月の使用料としては安いでしょう」と説明しても、これらの言葉はすべて無力化するのです。

人は、すべてを判断していくのです。その思い込みは、ちょっとやそっとでは突破できません。

ですから、私は、お客様が自らの口で同意するような質問をして、まず最初にバイアスを取り除く流れをつくります。

実演をすると、洗った手が白くなるので、お客様はビックリします。

ここでお客様は、「なんで？」と興味を抱く人、「洗ったばかりだから当たり前よ」と疑う人の2タイプに分かれます。しかし、どちらのタイプのお客様にしても、「その真相を確かめたい」という興味は湧くのです。

そこで私は、すかさずそのお客様に、「この石けんをつかんで、反対の手のひらの上に置きます、そして1回シュッとこすります」と言って、私がジェスチャーをして、同じようにお客様自らにやってもらえるように導きます。お客様は、自ら興味を強く抱いたことは、やってみたくなるのです。一度興味が湧いたことは、相手に促されるように、試してみる傾向があります。

それでもなかなか言葉は理解されず、「手のひらに石けんを乗せる」という私の言葉にも、「こうやって?」と石けんを手の甲にのせるお客様も多いです。人は、百貨店のようなノイズ（雑音）の多い場所では、言葉を容易に理解しないのです。だから私は、ゼスチャーをしてお客様の理解を助けるのです。そうやって、お客様自ら泡をたてるように導きます。

すると、お客様は、必ず次のように言うのです。

「まあ、凄い、こんなに簡単に泡がたつのね！　1回シュッとこするだけで、だから長持ちするのね。でも、どうして溶けないの？」

私は肌を白くすることを、お客様に強調したくありません。

すぐに肌を白くすることなんて、ありえないからです。

私の目的は、その泡立ちと、その泡の柔らかさを感じてもらうことです。

いずれにしても、いったんお客様に関心を持たせると、私の説明が素直にお客様の頭の中に入っていきます。

こうして、お客様のニーズを心の奥深くから引っ張ってくると、最後にみんな言います。

「欲しくなっちゃった！」

こうして「ニーズ」が「ウオンツ」になって、多くのお客様が買っていかれるわけです。

◆仕草は、口ほどにものを言う

私は他の販売員よりも、圧倒的な時間を店頭に費やしました。長い時間、〝買うお客様〟、〝買わないお客様〟の一挙手一投足を観察してきました。そして、気づいたことがあります。

それは、話し言葉以外の要素、すなわち仕草が、話し言葉以上に「お喋り」だということです。

「目は口ほどにものを言う」という諺《ことわざ》ではありませんが、「仕草も、口ほどにものを言う」のです。

仕草とは、身振り、体の動き、姿勢、声のトーンや大きさ、声色などです。

相手のそういった仕草を観察していると、その相手が無意識のうちに感じているものが次第に分かるようになってきたのです。

たとえば話し相手に「昨日の晩、何を食べました？」と聞くと、「エーっと……」と思い出そうとして、その目を左上にあげる仕草をします。人は記憶をたどろうとする場合、目を上にあげる傾向があるのです。

しかし、恋人から、「昨日、だれに会ったの？」と聞かれて、その目を右上に上げたら、それは思い出すのではなく、想像している可能性があり、つくり話の可能性が高いです。

不倫関係で、テレビの前でつるし上げられている有名人の記者会見を見ていると、よく分かります。

「あなたは、その男性とどんな関係なのですか？」と記者から聞かれた有名女優は、「エーっと……」と言って、一瞬右目を上にあげた後、「家族ぐるみのお付き合いです！」と答えましたが、後に当然それは嘘だとバレてしまいました。

私たちは、自分が話し言葉以外の要素でコミュニケーションしていることを、いつも意識しているわけではありません。だからこそ実際の言葉より正直なことが多いということが、経験上分かってきたのです。

熱心に話を聞いているお客様の足元の一方が、通路に平行になっているときがあります。これはいつでも、話を切り上げてその場を去れる体制なのです。しかし、その通路に平行になっていた足先が、販売者の方に向いたときは、これは買う気持ちに傾注してきたことを表します。

販売員の商品説明に、テンポよく切り返すお客様がいますが、そんなお客様は買わない人が多いことを私は知っています。なぜなら、買う客というのは、考える間というのが生じますから、途中切り返しのための、うなずきや、言葉のテンポが悪くなるのです。

意識的にこうした経験を繰り返すと、お客様の心理を些細な仕草で読みとることができるようになるのです。

そうしたことを知らない人たちは、「販売や営業の上手い人は、その人の生まれながらに持ったセンスだから、マネできないんだよね」と言います。

そうではありません。

販売や営業の「上手い」は、学べることなのです。訓練で身につくものなのです。決して、その人が生まれながらに持ったセンスではないのです。

私は売れない日々を、お客様の動きばかりを見て過ごしました。

そのうち、その動きには傾向があることが分かってきたのです。

傾向が分かれば、お客様への対策を打つことができます。

販売や営業などで結果を出せる人は、相手をよく観る達人で、相手の傾向を知って、対策を打てる人なのです。

販売に立った先の小売店から、

「河瀬さんは、どんなものでも他の販売員の5倍は売るけれども、その秘訣は？」とよく聞かれます。

それは私が、お客様の「買う、買わない」を判断するのが、他のどの販売員より数倍早いがゆえに、お客様に触れてる時間が圧倒的に多いからなのです。

そうは言われても、多くの販売員にとって、お客様が「買うのか、買わないのか」の判断がなかなかつかないというのが本音でしょう。

「いちおう、きみの商品説明を聞いてやろう。しかし、買わないよ」と心の中でつぶやくお客様は、体はこちらを向いているのに、片方の足先は通路の方を向いているのです。

商品説明に飽きたら、いつでも逃げられるようにです。

ところが商品に関心が出てくると、通路を向いていた足先が商品に向きを変えるのです。そして欲しくなると、今度は商品に向きを変えた反対側の足先が、半歩前に出てきます。

しかし逆に、こちらを向いていた足先の一方をそらしはじめたら、いま買おうとしているのを考え直しているのです。足先が外を向きはじめたら、その人はどこかで話を打ち切り、立ち去りたいという合図なのです。

販売員は、そうとも知らずノリノリになってきたお客様の表情に、話を続けていきます。

するとお客様は思いついたように、「今ちょっと忙しいので、また、きますね」と言って、その場所を離れようとします。

販売員は、お客様の「また、今度ね」と言った言葉を、断りの言葉とも知らずに、文字通りに受けとり、期待感を抱き、接客したことへの充実感を感じてしまうのです。

販売員は、お客様の表情に騙されてしまうのです。

人には嘘をつけない部分がある

こうした顔の表情に、人は騙されるのです。

小さい頃に嫌いなものを食べさせられて、お母さんから「そんな顔をしないの、よそ様に行ってそんな顔をすると嫌われるわよ」と言われた記憶のある人も多いのではないでしょうか。

また、デパートなどへ行ってオモチャなど、他の子どもが買ってもらっているのを見て羨ましそうな顔をすると、「みっともないから、もの欲しそうな顔で見てはいけません」というような教育を受けた人もいることでしょう。

子どもは、大きくなるにつれて他人とうまく過ごすために表情を隠し、我慢することを覚えていくわけです。そして、大人になるにしたがって今度は表情をつくることを覚えるわけです。

しかし、そんな隠された表情を隠せない箇所があるのです。それが、足なのです。

足の仕草は、その人の本当の感情を表します。

何かいいことがあった人は、片足のつま先を上に向けていることが多いのに気づく人はどれくらいいるでしょうか。

私が、「お客様、何かいいことがありましたか？」と言うと、ビックリした表情で、「そうなの！　なんで分かるの？」と話にノッてきます。

そんなお客様は、ますます気分が良くなって商品を買っていくわけです。

逆に販売員に敵対心を持ったお客様の足は、大きく開きます。少しでも多く縄張りを主張しようと思うのでしょう。

そんなお客様は、買うのではなく、販売員をやり込めることを目的にしていますから、販売員としては早々に立ち去ってほしいものです。

化粧品などを売っていると、化学に造詣の深い人が、その知識をひけらかそうと販売員を餌にやってくることがあります。

気の強い販売員なら、そこでお客様と論争になり、気の弱い販売員なら、お客様からやり込められてしまいます。

イライラしてレジに並んでいるお客様の足先は、パタパタと床を小刻みに踏みます。

私がカー用品専門店で働いていた時、そんなお客様が列に並んでいました。

案の定、レジの前にくると、「遅い！」と一喝して、レジカウンターにあるものをひっくり返してしまいました。

お客様は今、どんな心境なのかを予測できると、いろいろな危険を回避することができるし、逆に買う意欲を増すこともできるのです。

観察することの大切さ

販売員への講演をすると、聴講者から決まって聞かれることがあります。
「この商品を売るには、なんと言えばいいのでしょうか？」という質問です。
「それには、私よりも良いお手本があります。それは、振り込め詐欺をする人々です」と私は答えます。

喋ることばかりに関心がある販売員は、そのテクニックを求めれば求めるほど、心に後ろめたさを感じるものです。

その後ろめたさの表情が足に出て、知らないうちにお客様を遠ざける足の動きになっているのに気がついていません。

そんな販売員は、片方の足先がお客様を向き、もう片方の足先が外を向いて、L字型になって接客しているのです。

そうです、自分でも気づかないうちに、お客様から逃げようとしているのです。

何を喋ろうかと考える前に、まずは、お客様を良く見てお客様を無視しないことです。販売員である以上、お客様を無視することは無いと思われるでしょうが、自分がお客になって買い物に行って見てみて下さい。無視されていると思うことが多々あります。

あちらこちらから店舗スタッフの「いらっしゃいませー！」の声が聞こえるのに、こちらが何かを聞きたい時には、「すみませーん」と何度呼んでもスタッフが誰もきません。他でも、品出ししながら「いらっしゃいませ」を言われたり、伝票を書き込みながら突如として「いらっしゃいませ」を発せられたり。

こうした販売員は、お客様を「見て無い」のです。すなわち、お客様を「無視」しているということです。お客様に関心が無いから、無意識でそのような挨拶になるわけです。

◆洞察力を身につける

販売員は、お客様に不信がられずにお客様を観察できる研究者です。

お客様が商品パッケージのどこを読んでいるのか、化粧品のフタを開けその匂いをどう感じているのか、触った商品の手触り感をどう感じているのか、相手に不信がられずにじっくり観察できます。

販売員は、お客様のいつわらざる本音を聞きとることのできる調査員でもあります。本来の調査員に、お客様は本音を言いません。なぜならお客様は売り買いを通してしか本気にならないからです。

そんな研究者であり調査員である販売員が、自らマーケティング計画を立てるから外れることが少ないのです。

しかし、それには洞察力が必要です。普通の人では見抜けない点までを、見抜く力が必要になります。しかし販売員は、これまで商品説明要員としか思われてこなかったので、そんな才能を伸ばしてもらえる機会も少ないのです。

洞察力を高めるためには、観察した物事を体系的に考える学者であり、定点で長時間観察し続けられる根気のある肉体労働者でなくてはなりません。

大手有名雑貨店の新宿店で美容液を売ってるときに、私は、実演台の前で口上を述べていました。

しかし誰一人商品に関心を示し、近寄ってくる人はいませんでした。

大阪では、同じ口上で実演台のところから商品が売れて行ったにもかかわらずです。

ところが、実演台の裏の棚にも同じ商品が入っていました。ふと見ると、その棚は空になっています。

お客様は、私の口上を実演台のうしろで密かに聞いていて、裏にある商品をカゴに入れていたのでした。

そういった現象から、地域で対人距離が違うということを私は知ったのです。

また、女性の年齢によっても、その物理的距離は違うということも知りました。

同じ観察をして、ある結果を導き出しても、周囲の環境が変わると違う結果が出てきます。その環境は観察の大きな「変数」となることを忘れてはいけません。

天気も変われば、周囲の実演者も変わる。販売現場は、いつもその環境が変わっているのです。

洞察力を支える観察力は、意識して店頭に立つことによって、誰にでも身につけることができます。いったん観察力が身につくと、これまで見えなかったいろいろなものが見えてくるものです。これこそが洞察力なのです。

人は、リアル店舗でどのような購入行動をとっているのだろうか。どのように物を認知し、購入に至るのだろうか。集客し、その後の行動を予測する。こうした心理を把握し、動かすことはＷｅｂ制作にも、ネット通販にも大いに活用できるはずです。

お客様には思考・行動パターンがある

私が大手カー用品専門店の大阪は江坂店で働いたときのことです。真夏の暑い日に、駐車場で打ち水をしながら、そこにくるお客様をただボンヤリ眺めていました。しかし、眺めるうちに、ある面白いことに気がついたのです。

タイヤに関心があるお客様は、車から降りてドアを閉めた後、「チラリとタイヤを見る」のです。そんなお客様に声をかけると、決まってタイヤが売れたものです。私は、そんなカー用品店で、日本一タイヤを売りました。

その秘密は、こうです。

人は、①無関心、②好奇心、③恐怖心という3つの心を持つのだと私は気づきました。

この車のドアを閉めた後に「チラリとタイヤを見る」という仕草は、これまで無関心だった態度から、「ちょっとコーナーを曲がるときに切れが悪かったし」というちょっとした興味がわき、「タイヤが摩耗しているのかな？　そういえば、ずいぶん長く履いてるし、もう何年だ？　そろそろ変えどきかな？　変えるとしたら、いくらくらいかかるかな？」という「好奇心」が働くからです。

しかし、「そんなことを店員に聞いたら、買わなきゃならなくなったら嫌だな」という「恐怖心」も同時に働くのだと気づいたのです。

そんなお客様が、タイヤ売場を通るときに、私はさりげなく、「スリップサインの見方」というチラシを手渡したのです。

お客様が車に戻って、そのチラシにあるように、タイヤのスリップサインを見ようとタイヤをのぞき込んだときに、「お客様、チェックしてあげましょうか？」と声をかけます。するとが必ず、「ありがとう、悪いね」と答えが返ってきます。

これがキッカケとなって、スムーズにタイヤが売れたのです。

他の店員は、お客様がタイヤコーナーを見て歩いているときに、「どんなタイヤをお探しですか？」と声をかけます。そして声をかけられたお客様は、「いや、ええで、ええで、急いでるんや」と言って、その場を立ち去ってしまう例を数多く見てきました。

独立して販売員となった私は、販売に出向いた大手有名雑貨店でも百貨店でもスーパーでも、商品を売りながらお客様の動きを見ていました。

人の本質にある法則

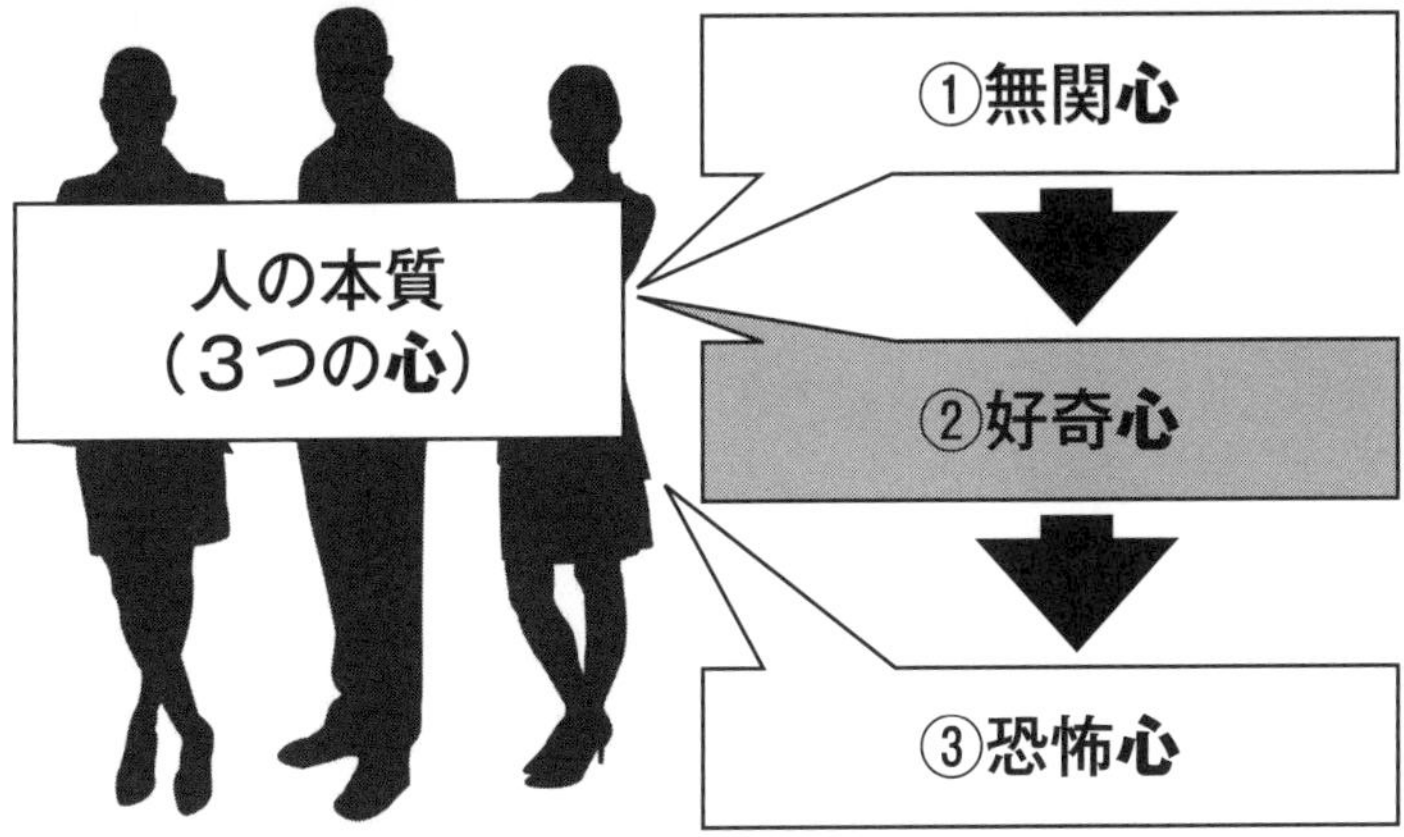

①無関心	人は自分の関心の無いモノは、見えない、聞こえない！
②好奇心	人は自分の知らないものを知りたがる（ニーズが生まれる）
③恐怖心	人は買った後に「買って失敗した」と思いたくない

「お客様は、どんな動きをするのだろう?」とか、「視線はどこに向かっているのだろう?」というのをジッと見ていました。

あるＰＯＰが掲げられている商品が買い物カゴに入るや、お客様に、「ＰＯＰのどこを読んで買う気になったのか?」ということを聞き続けたのです。また、お客様に、「どうしてこの商品を買ったのか?」を聞き続けたのです。

それが私のパッケージをつくる際の、箱の形状比率だったり、色使いだったり、文字の書体だったりの発想に結びついていったのです。

お客様は買おうと思う商品を通してしか、その商品についての本音を言いません。調査のための調査では、本音を語ってはくれないのです。

マーケティング調査がなかなか当たらないというのは、調査のための調査で終わっているからです。

私は大手カー用品専門店で、サービスに関するアンケート調査を実施したことがあります。５段階評価で、「1．大変満足。2．どちらかというと満足。3．まあまあ。4．どちらかというと不満足。5．不満足」でした。

アンケート結果は、３の「まあまあ」か４の「どちらかというと不満」、という項目に答えが集中するのです。その下に「どこが不満に感じますか？」という項目は、ほとんど白紙でした。そうです、どの人も漠然として「なんとなく不満」なのです。

しかし、ボールペンなどのちょっとした景品を差し上げて答えてもらうと、その答えは、これまでの3の「まあまあ」が2の「どちらかというと満足」になり、4の「どちらかというと不満」が3の「まあまあ」に格上げになるのです。

このように、お客様の答えは、その条件によって変わるのです。

私はこうした結果を日々経験して、お客様の行動にはパターンがあり、おかれた条件によって変わるということが分かってきたのです。

そんな経験をもとに、お客様の買い物行動のパターンやその変化についてお話しします。

大手有名雑貨店に、キャベツや肉などを包むと鮮度が保持できるという布がありました。十分マーケティング調査をして大手有名雑貨店のプライベートブランドとして売り出しましたが、ちっとも売れません。倉庫には在庫が山積みでした。

そこでその大手有名雑貨店から私に実演販売をしてほしいという依頼があり、日本全国にあるお店を行脚したことがあります。

私はこの手の環境商品を売るのは、神奈川地区のお店からと思いました。

私は当時選挙ボランティアとして日本全国の志のある候補者を政党を問わずに、人間中心主義で応援していましたので、地域性というのが分かっていました。

当時、日本中で環境問題に一番敏感だったのが、横浜市を中心とした神奈川県だったのです。

そこで、まずは横浜店から実演販売を開始したところ、2枚で1050円の商品が1日に200組も売れるのです。

とにかく神奈川県で売りまくって日本中に認知させるのが目的でしたが、それが大阪のテレビ番組に取り上げられて一斉に火がつきました。

その後、キッチンコーナーでは、この商材を使った弁当箱が数億円も売れるようになる導火線になりました。

〝傾斜のある座布団〟も大手有名雑貨店の名古屋から売りました。大手有名雑貨店の心斎橋店に持ち込んで断られたこともあった商品です。、名古屋の人は進取の精神に富んでいて、まだ見知らぬ商品を使ってみようというチャレンジ性に富んでいるのを、いろいろな商品を売るようになって知っていました。

なんだか分からない商品は、東京などでは売りにくいのですが、名古屋のお客様は「知ってやろう！」という意識が強いのです。

〝傾斜のある座布団〟の値段は８１９０円（税込み）という高いものでしたが、お客様は「アイデア料ね」ということで買ってくれ、３日で21枚売れました。

それがしばらくして、朝日新聞に取り上げられて火がつきました。気がついた時には、40万枚売れていたと、メーカーさんから聞かされました。

地域ごとで対人距離が違うのだということを知っていると、商品は俄然と売りやすくなります。

人は無意識に動く

人というのは大変不思議なもので、その歩く動きを見ていると、無意識のうちに、できるだけ最短距離をとるように合理的に歩くのに、買い物になると、損と徳を合理的に考えようとしながら、無意識のうちに非合理的にモノを選んでいます。

朝の通勤客は、階段やエスカレーターに近い改札口に集中し、改札口を一つ横にズレても、エスカレーターや階段までは数歩歩けばいいだけなのに、そうはせずに特定の改札口に集中します。

税金が高いだの、日ごろの何十円を節約するのに大変だのと言っている人が、ポンと10万円もするマッサージ器をいきなり買ってしまうのを目にすることがあります。

クライアントさんに同行して、九州でのイベント会場に出展したときのことです。

出展前のクライアントさんの話によると、イベント会場で出展するブースは、集客が多く見込めそうな会場入口のとても良い場所が割り当てられました。そこで、たくさんの商談ができそうだと喜んでいたのです。

ところが、私が1日遅れてイベント会場に行くと、ブースのスタッフは、暗い顔をしているのです。お客様が、まるで自店のブースにこないと言います。

確かに、向かい側のブースには、人だかりができるのに、自店のブースには人っ子一人いません。

入口には観音開きの透明のドアが4面あるのですが、片方の2面は開け放たれ、もう2面は閉じたままです。そしてドアに向かう通路の2メートル手前の真ん中には、灰皿が一つ置かれていました。

そこを行き交う人は、閉じたドアを、わざわざ手で押し開けようとはしないのです。開け放たれているドアだけを通じ、行き来しています。それも、通路にある灰皿から、まるで川が二方向に分かれているかのように、一歩は流れ、もう一方は流れないのです。

そこで私は、今まで流れていた方の開け放たれていたドアを閉め、閉じられていた方のドアを開けました。

それだけで人の流れは見事に変わり、先ほどとは逆になり、今度は自店のブースに人だかりができたのです。

「人がたくさんいるから売れる」わけではない

ショッピングモールなどで、たくさんの人が歩いている場所だからモノが売れると思うのは、実は間違いなのです。

たくさんの人が歩いているから、そこにはたくさんの集客があると勘違いしているお店がほとんどです。「人は、前の人と同じことをしようとする」傾向にあるのです。だから、前の人がキョロキョロすれば、後ろの人もキョロキョロするのです。

しかし、人がたくさん歩いてその流れができていると、その流れを乱してはならないという意識が働くわけです。すなわち、そこは高速道路と同じなわけです。

それを知らずに出店し、お客様の流れはたくさんあるのに、人っ子一人お店に入ってこずに、1年ごとにお店が変わってしまう例をたくさん見ます。

エスカレーターの登り口や降り口は人が集まるので、そこでチラシを配る販売員をよく見受けますが、たいていは受けとってもらえていません。というのは、エスカレーターに乗る、降りると考えているので、他のことをするゆとりがないのです。

人は、いくつものことを同時にこなすほど器用ではないのです。

いずれにしても、「人がたくさんいるからモノが売れる」というのは思い違いです。逆も真なりで、「人が少ないから売れない」わけではありません。人が少ないと、販売員はお客様に声がけしようと探し回ります。しかし、お客様に近寄っていって声をかけたら、普通は逃げていきます。「買わされるのではないかと、恐怖を感じる」からです。

だから、かえって自分の売っている場所を動かずに、お客様の「意識」を捕まえるのです。お客様を探し回るよりも、自分の近くを通る少ない通行客を、確実に買うお客様に変えてしまうことです。

通行客をお客様に変えるには、そのお客様の足を止め、潜在的なニーズに気づかせることが重要です。

たとえば、12時頃、「おなかがすいた」と感じます。これは「何かを食べよう」という潜在的な「ニーズ」。そこに、ウナギの匂いがしてきた。ふと見ると本日の定食が「うな重」で７８０円となっていると、「鰻にしては安い！」と思って、「昼はウナギにしよう」という気分になるわけです。

これが、「ウオンツ」なのです。ここで「ニーズ」が、「ウオンツ」に変換したのです。

人は自分の興味のあるもの以外は見えない、聞こえない

人は自分に興味のないものの言葉には反応しないが、興味のあるものの言葉は騒音の中からでも聞きとります。百貨店などで従業員が、いくら「いらっしゃいませ、お試しくだ

さい」と連呼しても、お客様はほとんど寄ってはきません。しかし、たとえば「育毛剤」という言葉を出すと、頭髪の薄い人は耳ざとくそちらを見るし、普段は誰も聞いていない店内放送で「スイーツの試食会」というアナウンスを聞くと、奥様方がすぐに反応します。自分の好きなものはよく聞こえるし、関心のあるものはよく見えるということです。

そこで、買ってもらうためには、「この人たちは、どんなことに関心があるのだろうか?」を推測することが大切です。

以前、大手有名雑貨店に後期高齢者ばかりが「香水のペンダント」を求めて連日、山のように押し寄せたことがあります。世に言う、おじいちゃん、おばあちゃんばかりです。若い人は誰一人いませんでした。

後期高齢者が香水に関心があると思われがちですが、そうではありません。その商品は、柑橘系の香りと、ラベンダーの香りを一定の比率で漂わすと、ボケ防止になるというものです。それをペンダントに詰めて、胸からぶら下げておくというのです。若い人の求めるアクセサリー商品とは全く違い、後期高齢者は、「痴呆症」に関心があったのです。

その「痴呆症予防ペンダント」がテレビで放映されたものですから、その商品は1日で売り切れ、向こう半年待ちの状態になりました。

人は選択肢がなければ買おうとしない

人は選択肢が無ければ買う気にならないのです。

「この商品、いいですよ！」と特定の商品をお客様にすすめると、お客様に「そりゃ、それはあんたの会社の商品だからでしょう」と言い返されます。

しかし、「この商品は、このような特徴があり、こちらの商品は、このような特徴があります」と、お客様に選択肢を与える形で商品説明をすると、お客様はどちらかを買うのです。

ある日、おばあちゃんが大手有名雑貨店にやってきて、「化粧品売り場はどこですか?」と従業員に聞いてきました。

「こちらです」と従業員は、そのおばあちゃんを棚の前に連れて行きます。

その棚を見るやおばあちゃんは感激した面持ちで、「すごい、こんなにいっぱいあるんだ、さすがです」と大喜びです。

しかし、その喜びもつかの間、5分も経たないうちに、「何を選んでいいかも分からないし、聞こうにも従業員が見当たらない。なんて不親切な店かしら……」とブツブツ言いながらお店を去って行ったのです。

人は、2つ以上のモノは選択し難くなる性質があります。「あれか、これか」という選択肢だと選べるのですが、「あれも、これも、それも」では選べなくなるのです。

そうなると、お客様は選択するのが面倒くさくなって「また、今度」とその場を離れようとします。

そんなときは、お客様はその道の専門家に選んでもらおうとするのです。専門家に選んでもらうとリスクが少ないと考えるわけです。

専門家は、権威ある人です。たとえば、その権威ある人のイメージは、やはり白衣です。お店に行くと、なぜか白衣を着ている化粧品販売員がいるから、やはりこういった法則を知っているのでしょう。

行動経済学の本に次のような実験が載っていました。

スーパーマーケットに24種類のジャムを置いた棚と、6種類のジャムを置いた棚を用意して、お客様がどちらの棚に向かうかを調べます。

すると、24種類のジャムを置いた棚に向かったお客様は全体の60パーセント。６種類のジャムを置いた棚に向かったお客様は40パーセントでした。

数で言えば、多くの種類のジャムを置いた棚の方が多くのお客様を集めたのです。

ところが、実際にジャムを購入したお客様のパーセントを調べてみると、24種類のジャムを置いた棚に向かったお客様でジャムを買ったお客様はわずか３パーセント。これに対して６種類のジャムを置いた棚に向かったお客様のうちジャムを買ったお客様の比率は何と30パーセントにも達したのです。

なんと、10倍もの差で、６種類のジャムを置いた棚の方が圧倒的に売れたという結果が出ました。

そうです。お客様は「選択肢が多すぎると、選べない」のです。

相対比較の中で、モノの価値は生じる

飛行機が白一色の雲の上に出ると、乗客は一瞬、止まっている感じがします。逆に新幹

線はとても速く感じます。それは、走る新幹線と車窓の風景という比較するものがあるからスピード感が生じるのです。

価格も同じで、比較の中で生じるのです。

安売りスーパーの中では、42円の豆腐、68円の豆腐、180円の豆腐とあれば、180円の豆腐はとても高く感じます。

しかし、高級スーパーで、180円の豆腐、280円の豆腐、350円の豆腐があれば、180円の豆腐は安売りスーパーで感じたほどのバカ高さは感じないものです。

お客様の言う、高い、安いという感覚は、その人の生活習慣化した感覚の中から生じるのです。商品の品質も、価格も周囲から孤立して認識されるのではなく、他との比較で出来上がるのです。

大手有名雑貨店が年に一回の「ご奉仕デー」、いわゆるバーゲンを開催します。そのときのバーゲン品が売れ残り、後日、棚に並ぶことがありますが、だれもそれが通常より安い価格で棚に並んでいることなど知りません。

バーゲンのときには、「通常の日」、「バーゲンの日」という相対比較の中で、「バーゲンの日」は特別な日になり、その特別な日の「お買い得商品」を求めてお客様が殺到します。

しかし、「お買い得商品」が売れ残り、それを「通常の日」に棚に並べると、お店のことを良く知ったよっぽどのお客様でなければ、それを「お買い得商品」だとは気づかないのです。

人は単純にふれる回数が多いモノや人を好きになる

「人は単純に触れる回数が多いモノや人を好きになる」のです。

これについては、拙著『だから、売れちゃう！』（こう書房）の中でも「お客様が繰返し商品に接する頻度に比例して、商品が売れる」という内容で詳しく取り上げています。

販売員は、お客様が商品に接する頻度を、どのようにして増やすかが非常に重要だということです。

「人は単純に触れる回数が多いモノや人を好きになる」法則は、商品や人だけでなく、お店そのものにも当てはまる、原理原則です。

お客様がお店にくる回数が多ければ多いほど、お客様はそのお店が好きになるので、必然的にそこにある商品も売れるのです。

どんなに販売員の「売る腕」が未熟でも、単純にお客様を店に呼び込むことができたら、それに比例して、商品は売れるという法則です。


かつて大きなショッピングセンターの中にあった「ビルトインコンロ」という据え付けのガスや電気のコンロを売るお店でのことです。クーポンチケットを渡して、お店に呼び込んだ人数のうち、「2パーセント～3パーセントが商品を買う」という実績が出ました。

100人を呼び込むと、そのうちの2人～3人は、何十万円もする高額商品を買ってくださったのです。

私は「クーポン・チラシ」という名前の粗品引換券をつくり、その粗品引換券をショッピングセンター内で配りました。それを持ってお店にきたお客様に、クッションの大きなサイコロを振ってもらって、サイコロを振って出た目の数だけ「うまい棒」というお菓子を差し上げるというゲームをやりました。

そして、ガスコンロの上にそのガスコンロの値段を書いた大きな棚札を置きました。

そして、お店のスタッフに景品を差し上げる際にお客様に向かって、そのガスコンロを指さし、

「安いでしょう！」とだけ言ってもらいました。

するとお客様は、

「この手のガスコンロは何年ぐらい使えるの？」

「最近、火のつきが悪いのだけれどどうしてかな？」

「お魚を焼くと焦げついて……」

と、何かしら言葉を発してくれるので、スタッフはそれに対して答えるだけです。

集客のための「クーポン・チラシ」を配ってしばらくすると、「ああっ、それね。知ってる、知ってる、この前もそれ、もらったよ！」という声をお客様から聞くようになります。そうするとその言葉を聞いた販売員は、つい、「あらかた配り終わったかな」「もう飽きられているかな」と思いがちです。

そんな「クーポン・チラシ」をまき続け、毎月200人ものお客様にきてもらえるようになりました。そして、200人をお店に呼び込んだ時点では、何も起こらなかったものが、400人を越えた時点から突然、変化が起きたのです。

そうです。商品がどんどん売れるようになったのです。

私も石けんを売っていて、売っても、売ってもなかなかリピート客がつかずに、3000個を売った時点で、「もう買う人のMAXに達した」と思って弱音を吐いた時期がありました。

しかし、それは間違いでした。

数にして1万個を売った時点から、突如、変化が起きはじめました。今までに無かったリピート客が増えはじめたのです。

これらの経験から、私は物事には必ず「効果が出はじめる一定の分岐点」がある事を知りました。

ただ、その分岐点となる数が、物事によって異なるため、私たちは「その分岐点」がいくつなのかが容易には分かりません。

それで、次第に継続するのが辛くなり、すぐ目の前に「成功の分岐点」がきていることに気がつかず、宝の山を目前にしてあきらめてしまうのです。

ネットでは、相手のアドレスさえ知っていれば、メルマガを出したり、フェイスブックやTwitterで宣伝したりと、手を変え品を変え、お客様の目に何度も何度も触れさせることができます。

その手を狙って、相手のアドレスを取得するために、ブログでもYouTubeでも「登録お願いします」の項目が出てくるわけです。

第2章

お客様が買うまでのステップ

死に筋があるから売れ筋がある

ある大きなお店で、10年ほど前に商品数を大きく絞り、できるだけ売れ筋商品のみを置くようにしました。

その結果、売上が上がったかと言えば、否です。

それがどうしてなのか、実際に売り場に立たない人たちには分かりません。

しかし、現場主義の私には売上が変わらなかった理由がよく分かります。

答えは、「死に筋があるから、売れ筋がある」ということです。これは、「2：6：2の法則」とも言います。

お店の商品は、2割で稼いで、6割がまあまあ、残りの2割は足を引っ張る商品とよく言われますが、2割は「売れ筋」、6割は「まあまあ」で、残りの2割は「死に筋」になるという法則です。

では、「2：6：2」の最後の2割の「死に筋」商品を捨てるとどういうことになるかと言えば、残りの8割の商品が、今度は「2：6：2」というように分かれ、やはり2割の「死筋」が出てくるのです。すると、また最後の2割を捨てます。

こうして、また残りの8割から「2：6：2」に分かれていくのです。こうしていくと、お店の規模がどんどん小さくなっていきます。

こういう流れが出てくると、お店は競争ですから、大きなお店は効率が悪く取り残されて消滅していくわけです。

そうなると、どこもかしこも「都市型小型店舗」となって、集約されてくるわけです。屋号だけの違う、同じようなお店です。すると、お店自体に個性が無くなり、人は面白く感じなくなるのです。

かつて都市は、それぞれに都市らしさがあり、そこにある店舗にも、その土地の個性がありました。

出張の多い私は、朝起きてカーテンを開けて町の風景を見渡して、どこの町にいるか時として分からなくなることがあります。

「名古屋？　札幌？　博多？　大阪？　ここどこだっけ？」のようにです。

昔は、見るからに違いました。

しかし……。雑貨屋、床屋、金物屋、洋服屋、それぞれの都市独特のお店は無くなり、チェーン店で埋め尽くされてしまった現在、名古屋も大阪も札幌も、風景がさほど変わらなくなってしまいました。なんだか、面白味がなくなりました。

「売れ筋」ばかりの品揃えのお店もこれと同じことで、面白くないのです。

人は色や食感で品質を判断する

私は、クリスマスも押し迫った12月に大手百貨店の京都店でオリーブオイルを完売したことがあります。

今でこそオリーブオイルは健康に良い油としての認知がありますが、私が売った頃は、ホテルでの食事で出てくるパンにつける、「アレ」程度のものでした。

この「アレ」程度の存在のオリーブオイルが1日に100本売れたのです。それも1本2500円ですから、オリーブオイルの中では値段の高い部類です。

遮光瓶の中からオリーブオイルを皿に出してみると、その色が綺麗だなと私は思いました。あまりに綺麗な色なので、それを少し高級そうな白いお皿にたらしてみました。すると、抜けるような空の下に青々と広がる草原がイメージできました。

その色を見るや「これだ！」と思って、白くてカタチが良く高級そうな、白磁みたいな皿を買ってきました。

この皿にオリーブオイルをたらし、バスケットにフランスパンを切って入れ、実演台の上に置いたのです。

ところが、実演台の前を行き交う人々は、オリーブオイルの入ったお皿をチラリと見るものの、だれもフランスパンに手を出そうとはしないのです。

通りかかった、一人の品の良い中年女性客の前にバスケットを差し出すと、

「まあ、綺麗なお色のオリーブオイルですこと、でも、パンが固そう、私、歯があまり丈夫ではないので」

と言われたわけです。

私はハッと気づき、近くのスーパーで食パンを買ってきて、フランスパンの入っていたバスケットに入れ換えました。

すると一人の女性客が手を出して口に入れるや、「ウッワ、やっぱり油ね……」と言う

のです。

私も食べてみました。少しボサボサした食感が、口に広がりました。

再びハッとした私は、その食パンの値段の3倍はする高級食パンを買ってきて、先ほどの食パンと入れ換えたのです。

次にきた中年女性客は叫んだのです。

「まあー、なんておいしいオリーブオイルなのかしら！」

次に私は、湯豆腐のつけ醤油にそのオリーブオイルをたらして食べるメニュー提案をしました。するとお客様は、「おいしそうよねー、それ」と言うなり1本買って行ってくれたのです。

それからというもの、売れる売れる。夕方6時には完売となりました。

お客様はオリーブオイルを、まず見た目の色から、「おいしそう」と思ったのでしょう。

そして、「食べてみたい」と思ったのでしょう。しかし、バスケットの中のフランスパンを見て「固そう」と思い、「食べてみたい」という思いを打ち消すわけです。

その打ち消された思いは、スーパーで買ってきた食パンで解消されたわけですが、安い食パンだったので、口の中での食感が強すぎて、オリーブオイルの美味さを損なったのです。最後に買ってきた高級食パンで、やっとお客様が抱いたイメージ通りのものを再現できました。

それから、そのオリーブオイルは快進撃を続け、その大手百貨店の神戸店でも、別の百貨店の銀座店でも売れ続けました。

音は相手の意識に染み込む

人の脳には、右脳、左脳があり、この働きの違いを意識してモノを売るのが、私と他の販売員の大きく違うところです。

商品の前に、通行人の意識を「引っ張って」きて、その相手を「説得」して、最後に「納得」させる。すると、財布からお金が出てくるわけです。

こうした販売の一連のプロセスの中で、相手を「説得」するときに、脳の働きに大きく影響するのが「音」です。

モノから出る音は、その形や動き、素材などの物理的情報を私たちの脳に正確に伝えてくれます。

金物を落としたら耳をつんざくような鋭い音が、木材を落としたら耳にこもるような鈍い音がするわけです。だからその音で、その落とした素材が、なんであるかが想像できるのです。

「キンキン」とか「ゴンゴン」といった物事の状態を、それに照応していると思われる音声で表した擬態語を使って商品を表現すると、お客様にイメージさせやすいのです。

私がかつて〝傾斜のついた座布団〟を売ったときに痛感したのです。

イスの上に敷いた〝傾斜のついた座布団〟に、何人座らせてもお客様の返答は、「ちょっと、分かりません」というものでした。

「分かりません」と言われたお客様に言葉で説明すると、「ああ、そう……、言われてみるとそうかな？」程度に終わるのです。

そして、その商品の値段を聞かれて、８１９０円（税込み）だと伝えると、「うっそやろー、詐欺だ！」と席を立つのです。

そんな状態でしたから、売出した当時は、これにお客様が並んで買うほど売れる商品になるとは、誰一人思っていませんでした。

私は昔、老舗の英語学校で言語学をかじった経験があります。

英語は文字から入るのではなく、音声だということで「英語で英語を学ぶ」という方針でした。

そのときに、はじめて音から連想することのトレーニングをしたのです。

余談ですが、そこでは、英語圏の人々が人類史上最初に発音したのがM音だと習いました。赤ちゃんがお母さんの乳首に吸いつくときの「ムアッ」という音がMだということでした。

〝傾斜のついた座布団〟の説明をしているときに、その座布団に座らせても分からないお客様が多かったので、「お客様の背骨が〝ジュッ〟と伸びませんか？」と聞くと、「おお、ほんまやね！」と分かってくれるのです。

そして、座るときに、「〝ドスン〟と、このあたりに体重がかかってきませんか？」と腰のあたりを指すと、「おお、背骨がまるまるね！」と言われるのです。

そこで私は、お客様が〝傾斜のついた座布団〟に座るときには、「シュッ！」、座布団をお尻から抜いて直接イスに座ってもらうときには、「ドスン」とい擬音を出すだけで何も言いませんでした。

するとお客様は、「おお、凄いね、この座布団！」と感激して自ら言葉を発してくれるのです。それからというもの連日１００枚以上売れるようになり、ついには40万枚が売れたのです。

「シュッ」とか「サッ」というS音には、何かしら「速い、ピンと伸びる、鋭い」というイメージを持たれるのではないでしょうか。

「新幹線（Ｓｈｉｎｋａｎｓｅｎ）」とは、よくつけたものだと感心しました。

「ドスン」とか「ダウン」というD音には、「遅い、重い、鈍い」というイメージを持たれるのではないでしょうか？「鈍行」とは、よく言ったものだと、これまた感心したのです。

私が大手有名雑貨店の新宿店で、１４７００円の美容液を１００本完売したときには、スポイトでお客様の肌にポタリポタリと美容液を落としながら「ぷるぷる」と言っただけです。

女性の多くは、美容液をつけた手の甲をさすりながら商品をレジに持って行かれたものです。

私が大手百貨店で〝パイ包みウインナー〟を売ったときには、肉汁に対して「ジュッワー」と言ったのです。

お客様が私を取り囲み、山のように積んだ〝パイ包みウインナー〟の皿から商品があっという間になくなりました。

言葉の音には、意識と響きあう力があると言います。「音だけの言葉」をマントラと言い、直接の意味は持たずに、音でイメージをつくり出すのです。このマントラを繰り返すことによって、人間の「意識の質」を変えることができると言われています。

「音」というものは、商品の特徴を一瞬にして相手に伝えるものなのです。

右脳が音で商品を一瞬にイメージして、それを言葉で聞くべき話か、聞かざるべき話かを瞬時に判断して、左脳に連絡をとるのです。

この右脳の働きが、直感というものの正体ではないでしょうか。

「音」というのは、お客様の持つ商品イメージに大きな影響を及ぼすのです。人は音からモノをイメージする動物なのです。

メッセージには裏と表があり、人は裏を重視する

販売員はお客様とコミュニケーションをとろうとします。コミュニケーションがとれなければ売れないからです。

ですから販売員は、必ず何らかのメッセージを相手に発信します。たとえお客様に向かって一言も発しなかったとしても、それは〝無言〟というメッセージを送っているのです。

人のメッセージには、必ず表と裏があり、多くの場合、影響を受けるのは裏のメッセージであることを知っている人は、どれくらいいるでしょうか。

言われてみるとハッとするものです。

たとえば、あなたが小学生だったときの授業風景を思い出してみてください。

授業中に騒いでいる生徒に、先生が説明をやめて、うるさい生徒を睨《にら》みつけるという光景がなかったでしょうか。

この場合の〝表のメッセージ〟は、「睨む」という行為です。睨まれた生徒は、騒ぐの

をやめます。それは、先生の「静かにしろ！」という〝裏〟に秘められているメッセージを読みとるからです。

ただし、必ずしもこちらが意図したメッセージが相手に伝わるとは限らず、えてして逆のメッセージとなって伝わってしまうことがあります。

たとえば、初対面の人とコミュニケーションをとろうと思い、ニコニコ微笑みかけたにもかかわらず、相手はそれをニヤニヤしていると思って、「なに笑ってるんだよ。バカにしてるのか？」と不愉快に思うこともあります。

つまりメッセージというのは、受けとる側の解釈次第で良いメッセージにもなるし、悪いメッセージにもなるということです。

私が大手有名雑貨店の江坂店で大きな「ビーズクッション」を売っていたときのことでした。

値段が12600円のそれは、1個を残してほぼ完売状態にありました。担当主任がメーカーに何個発注しようかと相談にきました。50個注文するのか、はたまた100個注文するのかは売れ行きと在庫のバランスで大問題です。

二人して難しい顔をして残り1個の商品のところに戻ろうとすると、一人の女性がその商品に腰掛けて試していました。

そして二人と目が合うなり、その女性客は「な、なんや、試し座りしてただけやないか、座ってダメならダメと書いときや！」と大声でわめき立てるのです。

そうです、その女性客は我々の難しい顔を、「座ってはダメなモノ」だとのメッセージと読んでしまったのです。


声を裏返しながら、お客様に商品を勧める販売員がいます。

「お客様、いま買って絶対損はないです！」との販売員の裏返る声に、お客様は、「今日はさぞかし売れなくて、俺はいいカモなんだろうな」と受けとる人が多いのではないでしょうか。

ですから私は多くの販売員に、普段の声でしゃべりなさいと教えています。

「不自然な声は、メッセージを歪んで伝えるのですよ」と。

人のメッセージには、表と裏があり、多くの場合、裏にあるメッセージに影響されるということです。

人は、他人から何かをしてもらうと、お返しをしなくてはならないと考える

人は、他人から何かを与えられると、お返しをしなくてはならないと考えがちです。

例を挙げましょう。

テレビショッピングを観ていると、化粧品や健康食品で、「3800円のこの商品をなんと1980円でご奉仕！　しかも今なら初回限定無料です！」というアナウンスがよくありますよね。

これは「返報性の法則」を使っているのです。

視聴者は「無料」という言葉が大好きです。「初回無料」と聞いて、興味をそそられます。

そして、「なぜ無料？」と思うと同時に、「よっぽど商品に自信があるのね……無料ならもらっちゃおうかしら」と思います。

そして、指定のフリーダイヤルに申し込みの電話をかけるのです。

やがて申し込んだ商品が届きます。

それを使ってみて、「あら、やっぱり自信があるだけあってなかなかじゃない。これはイイものをもらっちゃったわ」と思っているところに、その商品をくれた会社から電話がかかってきます。

「無料サンプルはお手元に届きましたか？　無料サンプルをお試しいただいた方には、商品購入の場合、３８００円が１９８０円とお伝えしておりましたが、初回だけさらにお安く１２８０円でご提供させていただいております！」

と言われてごらんなさい。

つい、「買ってもいいかな？」なんて思いませんか？

値段が安くなったこともありますが、「最初にタダでもらっている」という負い目が、「買ってあげて恩返ししよう」という思いを助長しているのです。

次は、地方のある高級布団店で私が目撃した実例です。

その布団店の女主人は、常連さんが店のドアを開いて入ってくるやいなや、待ってましたとばかりにこう話しかけます。

「あーら、奥さん、お久しぶりです。そうそう、今度きていただいたときに差し上げようと思って……。はい、シルクの手袋！　シルクって温かいし、保湿するし、紫外線も防ぐし……。奥さんにますますお綺麗になってもらうために、これプレゼントしようと思って、ずっととっておきました！」

「あら、そうなの、わざわざありがとう！」

プレゼントされた奥さんは大喜びです。

何しろシルクの手袋。安いものではありません。

女主人は奥さんとしばらく「シルクの話」で盛り上がります。

と、頃合いを見てこう切り出すのです。

「そうだわ、今度、シルクの布団が出たのよ。ホラ、シルクで有名なあそこの地域でつくっているシルクなの。だから他のところのシルクとはモノが違うのよ。あちらにあるから、ちょっと寝てみて下さらない」

横になった奥さんに、女主人はなおもシルクについてのウンチクをいろいろと喋り続けます。そのうち、奥さんの手には、しっかりとシルクの布団が握られているではありませんか！

こうして、奥さんは30万円もする布団を買うことになったのです。

しかも、「いやー、いいものを紹介してもらったわ、じゃ、またくるわね」と満足気に帰って行きました。

これも、「人は、他人から何かをしてもらうと、お返しをしなくてはならないと考える習性」を使った事例です。

奥さんは最初、シルクの手袋をもらったお返しとして、「女主人の話を聞く」ことにしただけでした。

ところが、そうして話を聞いているうちにシルクの布団が欲しくなってしまい、購入したというわけです。

「人は、他人から何かをしてもらうと、お返しをしなくてはならないと考える習性」は実に使い勝手がよく、私もしばしば使っています。

例えば美容液を販売するとき。サンプル品を差し出しながら、「この美容液を差し上げます！　その前に使い方をお教えしましょう……」と言って、相手の手に美容液をつけて使い方や効能効果を教えるのです。

お客様は、無料でもらえるサンプルの使い方を知りたくて素直に手を出してくれます。

こっちは、買ってくださいとは、ひと言も言っていません。

それでも、かなりの確率の高さで、美容液の使い方を知ったお客様は、「これ1本下さい」と言ってくださるのです。

ただし、「人は、他人から何かをしてもらうと、お返しをしなくてはならないと考える習性」を使う時のタブーがあります。

「人は、他人から何かをしてもらうと、お返しをしなくてはならないと考える習性」を使って買っていただくときに大切なのは、「買うなら、あげる」という引き換え条件を出してはいけないということです。

そうでないと、「人は、他人から何かをしてもらうと、お返しをしなくてはならないと考える習性」ではなく、「ただの交換条件」になってしまいます。

買わなくても「あげる」という無償の心でなくてはなりません。

老舗の会社の経営訓などによくある、「先憂後楽《せんゆうこうらく》」や「人の喜ぶことをしろ」というのは、まさにこのことを言っているのではないでしょうか。

しかし、「言うは易し、行なうは難し」です。これを実行していくのは経営者にとっては難しいことです。

なぜなら、無償で販促品を配ることは、その結果いかんでは、経営者にとって大きな痛みを伴うからです。ダメ元の覚悟がないとなかなか踏み切れません。

ところが、この「経営者にとって痛みを伴う難しいこと」をいともたやすくやってしまう人たちがいます。それは現場の販売員たちです。

販売員は販促品に身銭を切ることはありませんから、痛くも痒くもありません。だからあっけらかんと配ることができます。

不思議な事に、あっけらかんと配られている販促品は、お客様の興味を引かないものなのです。

なぜかお客様は立ち止まって受けとろうとしない。あまりにも無造作に配っているので、「良いもの」を配っている感じがまったくしないのかも知れません。

お客様は「たやすく差し上げられない雰囲気が漂うもの」には手を伸ばし、「たやすく差し上げられる雰囲気が漂うもの」にはなかなか手を伸ばそうとしないのです。

ですから、「人は、他人から何かをしてもらうと、お返しをしなくてはならないと考える習性」は、差し上げる側の痛みを伴わなくてはならないのです。

そして、その覚悟を経営者が持たなくてはならないのと、それを配る販売員もその痛みを知らなくてはならないのです。

さらに、「人は、他人から何かをしてもらうと、お返しをしなくてはならないと考える習性」を使うにあたっては、「差し上げようとするものには価値がある」ということを、相手にサラリと知らしめなくてはなりません。

もらう側に価値を感じてもらう差し上げ方がちゃんとあるのです。

イベントで販促品を配っても成果が出ない人たちは、その「価値を感じてもらう差し上げ方」を知らないから、差し上げる相手にうまく価値を伝えられないのです。

例えば、私は販売員に「サンプルを配っています」という表現を使わないように戒めています。では何と言うか。

「商品の一部を差し上げています」というような言い方をしてもらっているのです。

どこでも簡単に手に入るものの価値は低く、手に入りにくいものの価値は高くなる

「セミナー会場が狭いので30席限定！」とか、「閉店につき、○月×日までの限定セール！」など、とかく「限定」という言葉には誰もが弱いものです。

「手に入りにくいもの」に、人はより大きな価値を見い出します。ダイヤモンドが高価なのは、簡単に言えば、「地球上で採れる量が決まっているから」です。もし、そのへんの道ばたにゴロゴロ転がっていたら誰も見向きもしません。

自動販売機で1本110円で買えるペットボトルの水だって、遭難した砂漠の真っ只中では、1本100万円を出しても手に入れたいと思うでしょう。

このように、どこでも簡単に手に入るものの価値は低く、手に入りにくいものの価値は高くなるのです。

「少ないもの」に人は飛びつき、「たくさんあるもの」には興味を惹かれません。

「1日10食売り切れ御免」とか「100個のみの限定品」などと言われると大して欲しくなかったものまでついつい買ってしまいます。

私はかつて、年末大掃除の時期に、テレビで取り上げられた限定品の洗剤を求めて新宿の店舗にお客様が殺到するのを見て驚いたことがあります。

お客様たちは、普通の洗剤の3倍もする高価な洗剤を買い物カゴに入れて次々とレジに向かって行きました。

早々の「完売しました!」の張り紙に、買えなかったお客様はため息をつきながら、それでもあきらめようとしません。

とうとう「ご予約注文承ります」の張り紙の前にも、お客様がドンドン並ぶのです。

結局、すべてのお客様の手元にその洗剤が届いたのは、大掃除の時期も遥かに過ぎて、年も開けた翌年の2月でした。

その洗剤がそこまで大人気になったのは、テレビで取り上げられ、しかも特定のお店にしかない数の限られた限定品だったからです。

決して、その商品が「ひと目見て欲しくなる商品」だったからではありません。

それが証拠に、実はその洗剤とまったく同じ商品が同じ時期に札幌で売られていたのですが、そちらの方は誰からも見向きもされなかったのです。

なぜなら洗剤を紹介したテレビ番組は札幌ではオンエアされていなかったからです。

しかも、限定品ではなく、普通に売っていたのです。

お客様は「テレビで紹介された限定品だから」その洗剤に殺到したのです、
大阪にある某店舗では、「閉店セール」の看板をデカデカと掲げていました。

その1年後。その場所を訪れたとき、まったく同じ店舗が同じ閉店セールの看板を掲げているのを見て、私は吹き出してしまいました。

「夜は必ず閉店するから、昼間はいつも閉店セール」というギャグでしょうか。

この「閉店セール」という看板は、それこそ「希少性の法則」を見事についたものです。

でも、厳しい言い方をすれば、ずっとその看板を出しているのは「詐欺商法」です。

まあ、いつかは閉店するのでしょうが……。

もう一つ、「どこでも簡単に手に入るものの価値は低く、手に入りにくいものの価値は高くなる」の例です。

ある時、大手有名雑貨店で枕を売っていた私を訪ねて、ある有名人が買い物にきました。

その有名人に私が枕を勧め、それが購入されるのを他のお客様が見ていました。

枕を買う有名人の姿が写真に撮られ、それがネットで公開されたのです。

するとあっという間にネット内で情報が広がって、その枕はその日以来、1日に100個のペースで1週間も売れ続けました。

「有名人が買った枕」という「希少価値」が付いたというわけです。

私のクライアントさんで、お客様にプレゼントを配るお店がありました。

ところがそのお店は、「なかなか手に入りにくいもの」を、まるで「どこにでもある粗品」のように配っていたのです。

もったいないことこの上なし。いや、その前に、お客様は、そんなプレゼントを有り難がらず、見向きもしなかったのです。

そもそも、そのプレゼントを配るスタッフたちが、そのプレゼントの価値を知らなかったのですから話になりません。

せっかく「どこでも手に入りにくいもの」のプレゼントをしているのに、あげる方ももらう方もその価値を知らないまま。

これでは「どこでも簡単に手に入るものの価値は低く、手に入りにくいものの価値は高くなる」法則はまったく機能しません。

私がそのお店でイベントをやるときは、まず最初に配っているものの価値をスタッフに教えます。

配っているプレゼントの価値を知ると、「配り方」が変わります。

そして、「配り方」が変わると、そのプレゼントの価値がお客様に伝わるのです。

すると、それまでゴミのように扱われていたプレゼントが、お客様の方から、「ください」と求めてやってくるようになるのです。

この「希少価値を高める」ためには、

「今、決断しないと無くなってしまう」

「この機会を逃せば二度と手に入らない」

「少ないからこそ他人も欲しがるはず」

「数が少ないなら高額でも当たり前」

「良い物だから他の人が買った結果、残りが少なくなった」

などの理由をきちんと示すことが、とても大切です。

第3章

お客様の心をつかむ方法

条件は同じでも、どこを基準にするかによって、最終的な判断が変わってくる

私が〝ビルトインコンロ〟という、システムキッチンに組み込み式のガスコンロを売ったときのことです。

その売り場では、もともとガスコンロの価格表示として、左側に「12万8000円」とあり、その右横に「1850円（6年リース）」という表示がしてあったのです。

お客様の目線は、最初に左側、次に右側へと移動します。

そこで私は、この表示の左右を逆にしてみました。

つまり、「1850円（6年リース）」という掲示を左側にして、「12万8000円」という掲示を右側にしたのです。

するとどうでしょう？　買って行くお客様の数が、あっという間に3倍近くになったのです。

この商品の場合、もともとの価格表示では、最初に目に止まる12万8000円が、お客

様の「判断基準」になっていたのです。

ですから、いくら、次に1850円という数字がきても、12万8000円という金額だけが記憶に留まってしまい、お客様の頭の中では「高い」という結論が出るのです。

しかし、逆に、1850円という数字が最初にくると、「へぇー、こんなに安く買えるの⁉　安いわね、うちのコンロもそろそろ10年で、点きが悪くなったし、買い換え時期かしら……」となって、「安い」という感情が湧き上がるというわけです。

このように、同じ条件でも「見せ方」を変えるだけでガラリと様相が変わります。

3000円の健康食品も、「1日あたり100円」という表示にするだけで、条件は何ひとつ変わっていないのに、それまで買わなかったお客様が買ってくれるようになるのですから不思議です。

日常生活でも、この効果を利用したものが多々あります。

スーパーで、「肉：赤身75％」と「肉：脂身25％」とでは、前者が選ばれやすいですし、手術について、「死亡率5％」と説明されるよりも、「生存率95％」と説明されるほうが何となく助かる可能性が高いように思えて、気持ちよく（？）手術に臨めるはずです。

まとめてみると、「ネガティブなことは少ししかありませんよ」と説明されるよりも、「ポジティブなことの方が多いですよ！」と説明されたほうが、選択肢としてお客様に選ばれやすいということです。

このように、表現一つの違いでお客様の選択肢が決まってしまうのです。人間の心理とは実に不思議なものですね。

最初に示された情報が印象に残って、判断に影響を及ぼす心理

1個3696円（税抜き）の固形石けんの値段を見て、安いと思う人はいません。それをいきなり買おうという人の数は、極めて少ないのです。

あまり溶けずに1個、半年も使えるならば、1か月あたり600円でそれほど高いと思わないのに、それをその場で分かってもらうのは至難の技です。

ところがグラム数を減らして、小さな石けんを1個591円で売ると、みんなポンポン買って行きます。

「いきなり3696円はねえ、いくら良くても勇気がいるわ！　591円なら買ってみて

もいいわ」という心理は分かりやすいと思います。

だれも、「あらー、こんなに小さいのに高いわね」というお客様はいません。

小さな石けんを買ったお客様から、

「以前買って行った石けんがとても良かったのよ。溶けないし先日まで使っていたけど、なくなりそうなので大きい石けんを買いにきました」

くるお客様、くるお客様、みんな同じことを言い、大きな石けんもとてもよく売れるようになりました。

実はこれ、そういう心理になるだろうことを予想して、あらかじめ私が企画したことなのです。

人は、「最初に示された情報が印象に残って、それが「基準点」となり、判断に影響を及ぼす」ことを、私は知っていたのです。

お客様は、５９１円という値段が基準点になって、「面白そうだしその値段なら買ってもいいかな？」と思うだろうと予想したのです。そして使ってみると、予想以上にいいものだから感動し、毎日それを使いながら心に決めるわけです。

「次に買う時は、大きいのにしよう！」と。

私は大売出しの日に、販売員によく、「バッテン価格を付けて」と言うことがあります。「バッテン価格」とは、例えば高級マットの価格表示に「通常価格8万2000円」に×印を付けて、「↓特別価格5万2000円」にするような表示のことです。

こうすることで、先に×印を付けた8万2000円という金額がお客様の頭の中の「記憶という海」に意識という船が錨《いかり》を下ろし、続く5万2000円という価格を見たときは、「うわぁ、3万円も値引きされている」という判断がなされ、お買い得に感じていただけるのです。

これも、提示された特定の数値や情報が印象に残って、それが「基準点」となり、判断に影響を及ぼす心理傾向です。

この例に見られるように「提示された特定の数値や情報が印象に残って、それが『基準点』となり、判断に影響を及ぼす心理」によって、顧客は購買判断の際、性能や品質以上に価格や割引率といった数字に注目するようになります。

そして、こうした価格判断は、衝動買いにも大きな影響を及ぼしているのです。

某有名雑貨店では、夏の終わりに毎年1回大売り出しをやり、そのときはお客様が殺到します。

その日、同店舗の入口には、人が一人スッポリと入ってしまうくらいの大きな透明の買い物袋が用意されます。来店したお客様は、売り場で我先にと、その買い物袋に商品をドンドン詰め込んで行くのです。

この袋。実は透明である点がとても重要なのです。

透き通っていますから、他人が何を買っているかがまる見えです。すると、どんな商品がバーゲンになっていて、売れているかが分かります。

他人のそうした行動が、購買意欲を次々に誘うというわけです。

中には、特に安くもなっていない商品もあるのに、お客様はそんなことはお構いなしに、「他人が買っている商品」を次々と手当り次第に袋に入れていく……これは「あれが人気の商品だ」というイメージが「判断基準」になって、その商品を見てしまうからなのです。

暗に示すテクニック

相手とコミュニケーションをとるには、話すキッカケをつくる道具が大切です。

道に迷っても、コミュニケーションに自信がなく、なかなか相手に聞けない人が、大きな地図を持って、聞きたい相手に近づいて行けば、「どこをお探しですか?」と声をかけてもらえる可能性が高いものです。

大きな地図を手に持っていることが道具となって、相手が、「道が聞きたいんだな」と先読みして声をかけてくれるわけです。

先読みをさせる、「暗に示す」というテクニックが大切です。

シャワーヘッドを売るとき、お湯が循環して出続ける実演台をメーカーさんに用意してもらいました。

通行人にシャワーヘッドから出るお湯を指差した後、私は、「毛穴、10秒」と言って自分の手の甲の毛穴を指差し見せます。

これはお客様に、「シャワーヘッドから出るお湯に手の甲を10秒入れてみて」と促しているのです。

実はこれ、「毛穴がどうなるでしょう?」ということを暗に示しているのです。

そのメッセージを受けとった相手が、「きっとシャワーヘッドでメチャメチャ綺麗になるのでは?」と理解すると、これがその人への暗示となるのです。

その暗示は、お客様のイメージを広げるのです。

実際にシャワーヘッドにお客様が手を入れて10カウントした後に、「凄いー、ホントー！」という歓声が上がります。

歓声を上げたお客様のほとんどは、商品説明を熱心に聞きはじめ、やがて商品を手に握りしめてレジに向かうのです。

お客様を説得しても、お客様が納得しなければ、財布の口は開かないと私はいつも言いますが、この例が如実に示していると思います。

説得は、言葉だけによらないのです。メッセージを伝え、暗示することなのです。これがお客様を納得に導く方法でもあるのです。

暗示には、お客様と販売員との間に信頼関係がなくてはなりませんが、それを一瞬にして築くことが大切です。

かつて楽天で10本の指に入る通販サイトを、私の友人が運営していました。

お客様との間の信頼関係を得るために、受注してからの発送をいち早くするのはもちろんのこと、商品に自筆の手紙付き商品新聞なるものを添付していました。

その商品新聞を書いていたのは私でしたが、社長自ら手書きで、「ありがとうございました」の一文を書いていました。

これは、自分の会社がどんな会社であるかを、お客様に暗示して大好評でした。

一瞬にしてお客様の心をつかむ

私の専門中の専門は、リアル店舗で「一瞬にしてお客様の心をつかむ」ということです。

通りすがりのお客様との間に、瞬時に信頼関係を築き上げ、その心をつかみ、説得し、納得させて、ついには購買に向かわせ、その商品のブランドを構築することです。

人を介した販売方法は、どんな宣伝方法をとるよりも手間暇がかかるけれども、確実にお客様の心の中に入りこめ、商品ブランドを築くことができるのです。

私は若いころ、精神科医やカウンセラーといった人々と一緒に、心の病の人々のボランティアをしていたことがあります。

そこで分かったことは、人は人の言葉で傷つき、人の言葉で回復するというものでした。

多少でも嘘があると、心に病を持つ人々は鋭敏にそれを見抜くのでした。

嘘のある人の言葉は、その目線の動きとか、手の動き、体の動き、喋るリズムといったものが、発する言葉と微妙にずれて、なにかおかしいと直感させるのです。

相手を不安にさせないためには、気どることなく、リラックスしていつもと同じ姿勢で相手に接することなのですが、相手を病気とみなして接すると思わぬ墓穴を掘って、とんでもないトラブルに巻き込まれる例をいやというほど見ました。

自分がリラックスしないと、接する相手も構えてしまいます。お互いに構えると、体裁をつくり出し、そのつくり出した体裁が、相手にプレッシャーを与え、お互いに虚飾して嘘になってくるのです。

いずれにしても、どんな人でも自分と趣味の合う人とか、考え方が同じだと分かったならば、心をつかまれてしまうわけですが、対面の場合はその動作と言葉の動きで直感するために間違いが少ないのです。

◆お店の中の移動ゾーン

人が街中を歩きます。お店のウインドウに目が留まりお店を見上げて、そのドアを開けます。

人が駐車場に車を停めます。連れ合いと一緒に車のドアからお店のドアへと歩いて行きます。

そして、エスカレーターに乗って、上へ下へと分かれていきます。

エスカレーターの真横では、チラシを渡している販売員が目につきます。

ここでみなさんにお話ししたいのは、「移動ゾーン」のことです。

人は、移動する場面が変わると、それに従って大脳が身構えます。

どういうことかと言うと、大脳は、「車を降りるよー」とか、「お店に入るよー」とか、「エスカレーターに乗るよー」と移動場面ごとに身構えるのです。

この大脳が身構えるところというのは、これまでと歩くスピードが変わる「移動ゾーン」です。

この「移動ゾーン」で販売活動をしても効果は少ないのです。

ですから、エレベーター真横でチラシをまいてもその受けとり率は悪いです。

なぜなら、お店に入って、エスカレーターに乗ろうとすると、足下に注意が行きます。

そんな時にチラシを受けとれるほど人間の脳は器用ではないのです。

私は、「人はどうしてモノを買うのだろう?」という一点だけを考えながら、長い時間にわたって、店頭でこの真実を見つめ続けてきました。

道路を車で走っていてスピードを出しすぎると、標識が見えなくなります。スピードが速くなると人は視野が狭くなるのです。

同じように、お店の中では人は案山子《かかし》のように突っ立ってPOPを読んではくれません。関心があるからこそ立ち止まって読んでくれるのです。

関心が出るようにするには、歩いている人が読めるPOPを書かなくてはなりません。

そうです、大きく、太く、短く、シンプルに。

お客様はお店の中では、自分を適応させようとしているのです。歩くスピードを周囲の人に合わせるようにを緩め、目を店内の明るさに慣れるように対応させ、見るべきものをすべて見てとろうとするのです。

その一方で、耳と鼻と末梢神経が、それ以外の刺激を識別しているのです。音や匂いを分析し、店内が暑いか寒いかを判断するのです。このように多くのことが行われているのです。

このお客様の「移動ゾーン」には、何を置いても役に立たない可能性が高いのです。

ですから買い物カゴ一つにしても、この「移動ゾーン」から3メートルほど離すだけで、カゴもチラシもこれまでの3倍は速く無くなるのです。

大手有名雑貨店などでも、エスカレーターの降りたところや、上り口のところが実演販売の最良の場所だとして与えられるときがありますが、「移動ゾーン」ということを考えると実は最悪な場所なのです。

買い物がしやすい場所は、「移動ゾーン」から離れているところなのです。

◆お店の中での人の手や目の動きが分かるか?

私は「崩し陳列」というのを提唱していますが、それは日本人の8割が右利きだということを考慮した陳列の仕方です。

右利きの人が商品に向かい合ったとき、体の右側にある品物をとる方が、左の品物をとるより楽だと思います。

ですから、お客様に買わせたいモノがあれば、お客様の立つ位置よりもやや右寄りに陳列すべきなのです。

私は20ミリリットルで4000円の美容液を左側に、同じ美容液で80ミリリットルで14700円のものを右側に陳列して、14700円の方を飛ぶように売りました。

メーカーとしては、値の張る方を売りたいものです。もちろん、それを扱う大手有名雑貨店もそうです。売上に大きく貢献するからです。

しかし、お客様としては、認知のない商品は値の安い方を買おうとします。大きな方を買って後悔するよりも、小さい方を買って後悔する方がいいと考えます。失敗することへのリスク回避行動です。

しかし、私が陳列した美容液を前にして、お客様は次のような行動を見せたのです。

お客様の心の声を実況中継してみましょう。

「左の美容液の量は20ミリリットル、4000円、右の美容液の量は80ミリリットル、14700円。80ミリリットルは20ミリリットルの4倍。4000円の4倍は16000円。アレ？　でも、これ14700円じゃないの！　1300円安いじゃない。大きい方が断然、お・と・く！　ブランド名はよくは知らない美容液だけれど、ここは大手有名雑貨店、悪いものは置いてないはず」

手にとりやすい右側に陳列してありますから、いったん右手にとって検討すると、そのままカゴに入れてしまう心理が働いたわけです。

手の動きは、目の動きに影響を受けます。目の動きは、左から右に、上から下にとアルファベットのZ字に動いていく傾向があります。

太平洋戦争以前と以後とでは、日本人の目の動きが変わったと言われます。戦争に負けて、横文字が入ってきたときから、英語のように左から右に読む習慣に日本人の目の動きは慣らされたのです。

また、算数の計算式も左から右に計算して答えを出していきます。先ほどの美容液の大、小の例は、この目の動きを考えて、計算しやすいように陳列したのです。

20ミリリットル×（　）＝80ミリリットルだと、（　）の中は4と答えが出ますから、価格も4倍であるはずです。

4000円×4倍＝16000円、しかし、14700円という定価を見ると、だれでも安いと実感します。

多くの販売員は、「こちらの方がお得ですよ！　お得ですよ！」と声を大にして言いがちですが、お客様自ら答えを出せるようにしておく方がいいのです。

そのための陳列を私は考えたのです。

「陳列にもお客様の動きを見越したストーリーをつくれ！」なのです。

◆人は目に見えないモノしか信じない

「人は目に見えないモノは信じません」と、私はいつも言っています。

実演経歴の長かった私は、実演時、お客様の目の前で見せられない商品の場合は、その効果をどんなに声高に叫んだところで、誰も信じてはくれませんでした。

叫べば叫ぶほどに、商品も私も胡散臭くなっていくだけでした。

人の皮膚は28日周期で入れ替わるという「肌のターンオーバー」という説があります。「この石けんを使うと古い角質層を落として新しい角質層が下からせり上がってきますから、赤ちゃんのように柔らかで白い肌になります！」と言って薬事法に触れるか触れないかのグレーゾーンに踏み込んでいる販売員も多いのです。

店頭では、結構過激なトークを展開する販売員が多いのは、トークが「販売の命」と思っているからです。ですから、あの手この手のトークをします。

私の場合は、ほとんど何も言いません。お客様の目の前で「商品の驚き」を目で見せるだけです。そして、お客様のイメージの広がりに任せるだけです。

そのためには、「実演効果の時間短縮テクニック」という手法を使います。

石けんで手を洗ったからといって、すぐに効果が出ることはありません。

ダイエット食品を食べたからといって、直後に痩せるなんて、あり得ません。続けないとその効果は、現れないものです。もちろんお客様もそうは思っていても、いまここでの効果を見たいのです。信じたいのです。信じるための根拠を得たいのです。

しかし、そのことを販売員のトークだけでお客様を納得させることは難しいのです。石けんでお客様の手を洗った後には、私は必ず白いふかふかのタオルで拭いてあげます。ふかふかのタオルは気持ちがよくて頭の中がリラックスします。すると他人の話しが落ち着いて聞ける状態になります。

タオルが白いと〝レフ版効果〟といって、白い色は光を上手に集めて光の乱反射を防ぐので肌がとっても綺麗に見えるのです。

屋外でプロのカメラマンがファッション雑誌のモデルを撮るのに、モデルのそばに大きな看板を持った人がいます。それがレフ版というもので、モデルに当たる太陽光の乱反射を防いで綺麗に見せる技術なのです。

その〝レフ版効果〟を使って、私は石けんの「実演効能の時間短縮」をしているのです。私から手を洗ってもらったお客様は、みんな「ワーッ!」と叫ぶか、「凄いわね、これ!」と言います。

買うにいたる5ステップの心理

1.「エッ、何?」のステップ

通行人がお店の入口から入ってきます。お店の中で行くところと行かないところ。見るものと見落とすもの。どんな商品の前で立ち止まり、どんなものを手にとり、どこを読もうとしてメガネをはずし、目を細め、頭をかしげるのか。

私は、そんなお客様たちを2500日にわたって一日中見続けてきました。

お店の中に入ってきた、できるだけたくさんの通行人に接触して、商品についてお話しをするチャンスがなければ、通行人はお客様に変わってはくれません。

私は、通行人がお客様に変わって、買い物カゴに商品を入れてくれるまでの間をつぶさに見てきました。

そして、ある答えに行きついたのです。明らかに次の5つのステップを踏むのです。

通行人がお客様になって商品を買ってくれるまでの5つのステップを「心の声」で表し

てみます。

1.「エッ、何?」
2.「デッ、それで……!?」
3.「へーッ、なるほど!」
4.「欲しくなっちゃったなあ〜」
5.「ヨシ、買おう!」

「エッ、何?」と通行人が思ってくれなければ、商品のところまできてくれません。商品のところにきてくれて、「デッ、それで……!?」と、販売員の話しを聞いてくれると、そこではじめてお客様に変化するのです。通行人からお客様になってくれると、買い物カゴに商品を入れてくださるチャンスが出てくるのです。

通行人が通行人のままでは、お店はなくなってしまいます。お店がなくなってしまえば、モノをつくる会社も、そこにモノを運んでくる会社もなくなってしまうのです。引いては日本経済が破綻してしまいます。

通行人とは、商品に何の関心もない状態の人です。でも、その心の中には自分でも知らない「ニーズ」があるのです。

大手有名雑貨店の横浜店で「ここだけにしか無い石けんです」と言って、中年女性に、手のひらに収まるサイズのチラシを渡しました。

中年女性は、「エッ、何?」と言って立ち止まりました。

「どうしてここにしかないの?」と聞かれたので、つくり手が小さい会社でお金が無いので、限られた量しかつくれない旨をお話ししました。

「どんな効果があるの?」と聞いてきたので、用意してある洗面器を指差して、「洗えば分かります」と促すと、「じゃあ、洗って」となりました。

そのお客様が帰り際に、「あなたじゃなかったらこの商品を買ってないわ！　ありがとう」と言って手を振ってくれました。

２．「デッ、それで……!?」のステップ

せっかく商品の前まできてくれた人の心の中に、「デッ、それで……!?」と次の展開を期待する声を出してもらえないと、買ってもらうまでの道は遠のきます。

私は、ハガキ半分サイズの単語帳に4～5枚になる紙芝居を描いて持っていました。石けんの紙芝居をここでご紹介します。1枚目には手の絵を描いた横に「洗うと」と文字で書いて、2枚目には、白抜きの文字で「すぐに分かる」と書いてあります。

これを見せてから、「お客様の手を洗いましょう!」と、社交ダンスで踊りの相手を求めるように右手を差し出すと、お客様は、その上にお姫様のように右手を差し出してくるのです。

大手有名雑貨店の名古屋店では、朝の10時30分頃に通路を通って行く2人から3人連れのおばさまたちのノリがとてもいいのです。

一人のおばさまの手を洗うのを、2人のおばさまたちが覗き込んで「デッ、それで、デッ、それで」と急《せ》かすのです。

洗い終わると2人のおばさまが声を揃えて、「まぁー!」と叫ぶものだから、最初に洗った女性は買い物カゴにそそくさと商品を入れるようになるのです。

残った2人のおばさまたちも、「ねえ、私も、私も」と次々に手が出てくる状態になって、二人一緒にまとめ洗いします。

その間、また、「デッ、それで、それで」と結果を急かすように聞いてきます。

その、「デッ、それで、それで」のトーンが高ければ高いほど、洗い終わった後の感激が大きいのです。

2人のおばさまたちも、次々と石けんを手にレジに急ぐのです。

その3人連れのおばさまに釣られて、次は2人連れの方たちがすでに洗面器の前でスタンバイです。

お店中に、「デッ、それで、デッ、それで」の声と「まぁー！」の声が交差して響きわたるのです。

こんな調子で、この石けんは、あっという間に10万個を売上げたのです。

興味に勝る商品なし！

3.「ヘェー、なるほど！」のステップ

お客様の心の中から、「へぇー、なるほど！」と声が出るのと、「へぇ～、なるほど……」（文章ではそのニュアンスが難しいですが）と声が出るのは違うのです。

前者は〝確信の声〟、後者は〝疑いの声〟なのです。

この声の違いは、販売者の背筋の伸び（姿勢）と相関関係があるのに気がつく人はいま

せん。

人を説得するには、人の言葉よりも、表情が勝ります。そして表情よりも、姿勢が勝るのです。

大手有名雑貨店の店頭には、いろいろなタイプの実演者がきますので、じっくり観察します。

背の高い男性がマッサージ機を売っていました。顔はニコやかなのですが、猫背でした。たくさんお客様が座りにくるのですが、まったくと言っていいほど売れません。

翌日はずんぐりした男性がマッサージ機を売りにきました。顔はニコリともしないので、座りにくる人も少ないのですが、座った人は不思議なくらいに買って行くのです。

黙って見ていた私は、分かったのです。

背の高い販売員は、ニッコリ、猫背。

ずんぐりの販売員は、ムッツリ、背筋がピン。

他のお店で二人を見たときも同じ結果でした。

売れる販売員というのは、本人も知らないうちに表情よりも姿勢がいいものです。

「ヘェー、なるほど！」と「ヘェ～、なるほど……？」の分岐点は、この姿勢の良さが決めたのでしょう。

説得には、トークより表情、そして表情よりも姿勢なのです。

4.「欲しくなっちゃたなあ～」のステップ

「へえー、なるほど！」と思ったお客様は、欲しくなるのです。欲しくなるけれど、財布の中味も心配になるのです。

「買おうか買うまいか、それが問題だ」と悩みに悩みはじめるのです。

このときに、「いま、買った方がいいですよ」という言葉は、厳禁です。一瞬にして、買う気が失せてしまうのです。

大手有名雑貨店の広島店で美容液を売っていたとき、お客様は美容液を手にとって悩みに悩むのです。

そんなとき、私は無言でお客様の手の指一本一本に、ゆっくりと美容液をつけて差し上げます。

お客様に、「どうぞゆっくり悩んで下さい」という時間を差し上げるわけです。

お客様は、美容液をつけられた人差し指、中指と指を見つめながら考えています。その間に手が次第に輝きを増していきます。

するとお客様は、いつも決まって、「一本いただくは！」となるのでした。

たとえ買っていただかなくても、そこでサンプルを差し上げると、とても喜んでくれて、後から戻ってきてくれるのです。

「あなた、先日はありがとう、ホラ買ったわよ！」とわざわざ私のところまで報告にきてくれます。

そして、「サンプルを使っているうちに、もう我慢できなくなって今日買いにきたのよ」と笑顔で買って帰って行かれるのです。

いったん商品が欲しくなったお客様も、家に帰ると忘れてしまいます。

「エビングハウスの忘却曲線」というのを聞いたことのある人はいるのでしょうか。簡単に言えば勉強したことも、一日経てば覚えたことの7割近く忘れてしまうというものです。

お客様も欲しくなったときの感激も、一日経つと7割を忘れてしまうのです。

それを防ぐのが、サンプルなのです。

ですから、私は実演して経験してくれた人にサンプルを渡しますが、経験してくれない人にサンプルは渡しません。

人は忘れやすい動物なのです。

5.「ヨシ、決めた!」のステップ

お客様が買ってくれそうという予感がすると、販売員は落ち着かなくなって、お客様との一瞬の沈黙に、あらぬ言葉を口走って、「ヨシ、決めた！」のステップから転がり落ちる人がいます。

あと一歩のときの無言に耐えられなくなるのです。

このときの最強の武器は、しゃべらずに背筋を伸ばすことです。

このときにニコやかに微笑むことは、お客様にとって凄い自信に映るのです。

人のメッセージには、必ず表と裏があり、多くの場合その裏にあるメッセージに影響を受けるものだ、というお話をしました。

販売員はニコニコと感じ良く接しているつもりでも、笑顔を受けとる側のお客様は、単に「買って欲しい」というメッセージに受けとるかもしれません。

お客様に向けられた微笑みが表のメッセージで、「買って欲しい」が裏のメッセージとなるわけです。

私は、お客様に本音を言って、表と裏のメッセージを一つにしてしまいます。

「私は、お客様に買って欲しいのです！　なぜなら私は販売員だから」と言い切ってしまいます。

お客様は、「そりゃ、そうだ！」となって買ってくれるのです。

大手有名雑貨店は渋谷店での閉店間際、一人の女性しかもう店内にはいませんでした。

私はそのお客様のところに行って「ハイッ！」と美容液のチラシを渡して、「あれが、新発売の美容液です」と商品を指差しました。

お客様は、「私、美容液なんていらないわ、どうして私のところにきたの？」と聞くので、「みんな帰ってお客様しかいないからです、あと一本で完売なので、お客様に商品説明したかったのです」と言い切りました。

このときは、「分分かったわ、美容液は入らないけれど、説明は聞いてあげましょう」となりました。

説明を聞いているうちに「私が最後の一本のお客様になってあげるわ」と言うので、「いやいや結構です。完売といっても、明日また商品が入ってくるのですから」と言うと、「欲しくなっちゃったのよ、買わせて頂戴」となったのです。

相手の心の状態を読む習慣

私のクライアントさんは、プリウスという車から電気を供給する「給電」というシステムを開発したのですが、どうにも世の中に伝わりませんでした。

そもそも「給電」なんて言葉自体、世の中の人は知らないし、いろいろなイベント展に出店し、お客様に説明し理解してもらったと思いきや、バッテリーだと思い込まれてしまうのです。

人はこれまで世の中になかったものは、理解できないのです。とくに目に見えないモノは……。

そこでトレーラーハウスという牽引車《けんいんしゃ》をリビングに見立てて、そこに冷蔵庫などの家電製品を置き、「給電」というものを理解してもらうためにそのトレーラーハウスを売ることにしました。

それが、年の瀬も押し迫る12月29日に中日新聞の記事として掲載されたのです。

その新聞記事を見て、さっそく店頭で見てみたいというお客様からの問い合わせが実演当日の昼過ぎに2件、また翌日にも1件入りました。

新聞社に送ったのは、プレスリリースでした。プレスリリースとは、お金をかけないでマスコミに取り上げてもらうことを目的にした紹介記事のことです。

大企業の発信する情報には、常に一定のニュースバリューがあるとみなされていますので、プレスリリースを一斉配信すれば取り上げてもらえます。

しかし、中小企業やベンチャー企業がそれと同じことをしても、マスコミから取材が入ることはほとんどありません。

そこで私が考えたのは、大手有名雑貨店で正月用の福袋商品として、暖房機や冷蔵庫付きの100万円のトレーラーハウスの販売を企画することでした。

これだと話題性と同時に、新規性があるのでマスコミにニュースとして取り上げられると考えたのです。

そこでネット配信を使って、マスコミにバラまいたのです。ネットでもドンドン取り上げられ、中日新聞の記事となり、それを見たお客様が大手有名雑貨店にやってきて、100万円のトレーラーハウスを買ったのです。

買うにいたる5ステップの心理

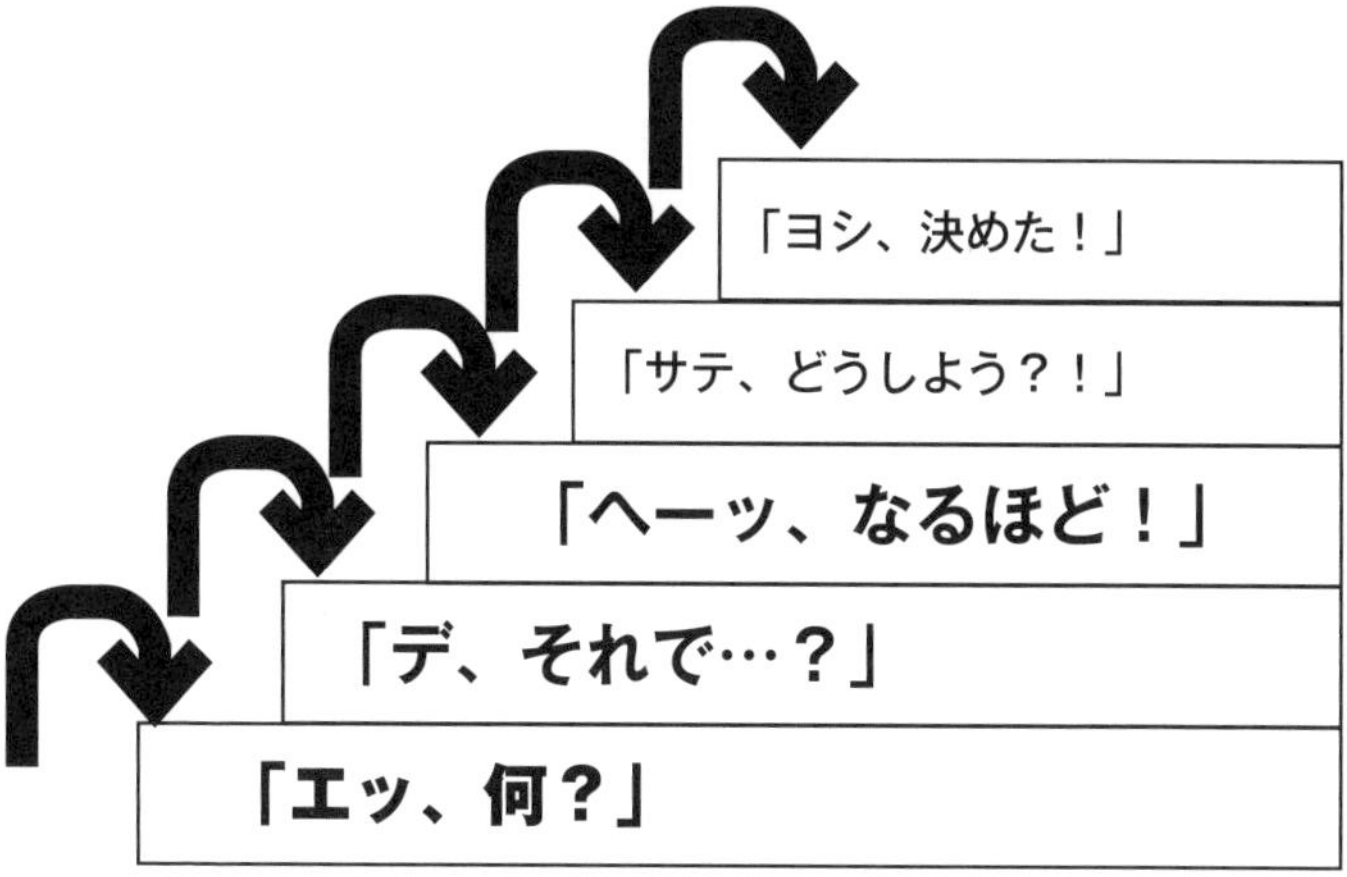

車のプリウスに「Life Plug」という機器を取り付けると、家庭で使う電気容量と同じだけの電気をトレーラーハウスに供給できる「給電」というシステムと、コンパクトなトレーラーハウスと接続して、「トレーラーハウスがまるでリビングになる」というコンセプトで大手有名雑貨店で発売したのです。

お店の前を通る人々は口々に「かわいい～」と言い、足はそのトレーラーハウスの前に次々に止まり、開いてるドアから中を覗いて、「ヘエ～！」の声が上がったわけです。

そして「こんなの欲しい……」という呟きに変わっていったわけです。

前述した「買うにいたる5ステップの心

理」の通りに事は進行し、最後は売れたのでした。

１００万円のトレーラーハウスが売れたことは、少なからず大手有名雑貨店に衝撃を与えました。

この企画を持ち込まれた大手有名雑貨店はどう思うだろうか？

この企画のプレスリリースを読むマスコミはどう思うだろうか？

大手有名雑貨店の店頭に置かれた商品を見て、お客様はどう思うだろうか？

多面的に、それぞれの立場から「どう思うだろうか？」というのを考えてみることが大切です。

こうしたものが私の販売の思考の基礎にあり、一つの言葉をお客様に投げかけたら、「どう思うだろうか？」、するとお客様は、「どういう反応をするのだろうか？」という想定をいつもしているのです。

こういう想定があるからこそ、私は飽きずに店頭に辛抱強く立つことができるのだと思っています。

第4章

SNS時代のヒット商品のつくり方

認知は購買を誘導する！

「認知は購買を誘導する」。これが販売における、ゴールデンルールです。このゴールデンルールをさらに、分かりやすく説明するなら、お客様は「知らないモノは、買う気にはならない」ということです。

ですから会社は、お客様に商品を買ってもらうためには、何らかの形で商品を知らしめる必要があるのです。

大きな会社は商品を知ってもらうために、雑誌、新聞、テレビ広告を出し商品を宣伝します。それには、たくさんのお金が必要となります。何百万円、何千万円、時には何億円と広告宣伝費がかかります。

小さい会社にとっては、お金がたくさんかかる広告・宣伝は無理です。

であれば、無料でメディアに取り上げてもらうしかありません。

テレビや新聞に無料で取り上げてもらうことを「パブリシティ」と呼びますが、自ら広告宣伝を打つのとは違い、取り上げてくれるマスコミの意思次第です。

取り上げて欲しい側の意思では、どうにもならないのですが、だからからこそ、第三者の取り上げてくれた記事には、信用性があり、消費者に大きな影響力があります。

ヒット商品になった〝傾斜のついた座布団〟という商品は日本経済新聞に、超撥水剤という商品は神奈川新聞に、シャワーヘッドという商品は「ガイアの夜明け」というテレビ番組に取り上げられました。

その話をすると、「なーんだ、ヒット商品になったのは、マスコミに取り上げられたからではないか」という人がいますが、どの商品も、最初からこうしたメディアに取り上げてもらえたわけではありません。しかし、たまたま運が良かったわけでもありません。そこまで積み重ねた実績と評判が、こうしたメディアに伝わったからこそ、マスコミが取材にきたのです。

そもそも、ふつうの商品やサービスを、テレビや新聞といったマスコミが進んで取り上げてはくれることはありません。マスコミに取り上げてもらいたいと思う商品は、無限とも言えるくらいにたくさんあります。

ここで考えなくてはいけないのは、テレビや新聞といったマスコミだけが、メディアではないということです。〝人〟や〝お店〟といったものも、メディアになりえるのです。

こうした〝人〟や〝お店〟というメディアで大切なことは、「何を言うか」よりも「だれが言うか」です。

◆メディアの活用

知り合いがある有名人の父親と友達で、知り合いを通してその父親を紹介されました。

そして、その父親から「うちの息子を、ＣＭに起用してくれる会社はないでしょうか？」と相談されました。私はそんな会社は知らないので、アイデアを提案しました。

そのアイデアとは、その若手有名人に大手有名雑貨店に買い物にきてもらい、枕を２つ買ってもらっただけです。

翌日から、私の友人のインターネット通販の会社は、毎日１０００個以上その枕が２週間も売れ続け、その利益の中からＣＭ料をお支払いしました。

そうです、有名雑貨専門店でその若手有名人が枕を買っているのを、そばにいた一般のお客様がＴｗｉｔｔｅｒでツイートしたのです。日本中のその有名人のファンが次から次へとそれを拡散して、ネット検索で枕の販売会社にたどり着き、その商品を扱っている通販サイトに枕の注文が相次いだのです。

私は「人の心理はどのように働くか」を実験してみたかったのです。きっと次のような心理が働くのではないだろうかと、私は想像していたのです。

「ウッワー、有名人が買い物にきてる、何を買ってるんだろう？　アッ枕を買った、それも2つ、グレーとピンク、いったいだれの分なんだろう？　彼女かな？　これは私だけが目撃したのだ！」と自慢したくなるに違いないと想像したのです。

予想通り、その有名人の買い物を、近くで見ていたお客様がそれをＴｗｉｔｔｅｒで投稿して、同時多発的なその若手有名人に対する「井戸端会議」が発生しました。

そして、多くの人がその情報を「シェア（共有）」することになり、その中から、そんな枕を欲しくなった人が売っているお店を探したところ、ネット通販に辿り着いたというわけです。

私はこうなるだろうことを予測して、あらかじめ友人の通販サイトにしかその枕を扱わせず、利益が出たらその一部を、その有名人に還元するという約束をしておいたのです。

「リアル店舗」というメディアにきた「有名人」というメディアから、「Ｔｗｉｔｔｅｒ」というメディアに伝播し、「検索エンジンというメディア」に波及し、「通販サイト」というメディアに到達したわけです。

拙著『人たらし道免許皆伝』（こう書房）にも書きましたが、人には、「自己重要感」といって、他人に認められたいという本能と、「知らないことを知りたい」という「情報欲求欲」という本能があります。これがＴｗｉｔｔｅｒやＦａｃｅｂｏｏｋというＳＮＳを使うことで満たされるわけです。

◆ＳＮＳ、これもメディアの一部です

ＳＮＳという言葉が広く使われるようになりましたが、そもそもいったい何なのでしょうか？

「ソーシャル・ネットワーク・サービス」この頭文字をとって、ＳＮＳ。

Ｌｉｎｅ、Ｔｗｉｔｔｅｒ、Ｆａｃｅｂｏｏｋ、Ｉｎｓｔａｇｒａｍ、これが一般的にいわれるＳＮＳの代表例です。こうしたＳＮＳも、メディアの一部です。

「河瀬さん、実演販売で商品を売るのは体力的にきついでしょう！　河瀬さんぐらいになったら自ら店頭に立っての販売なんてしなくても、販売アドバイスだけでいいでしょう。どうして、今もなお自ら実演販売をやり続けるのですか？」という人がいます。

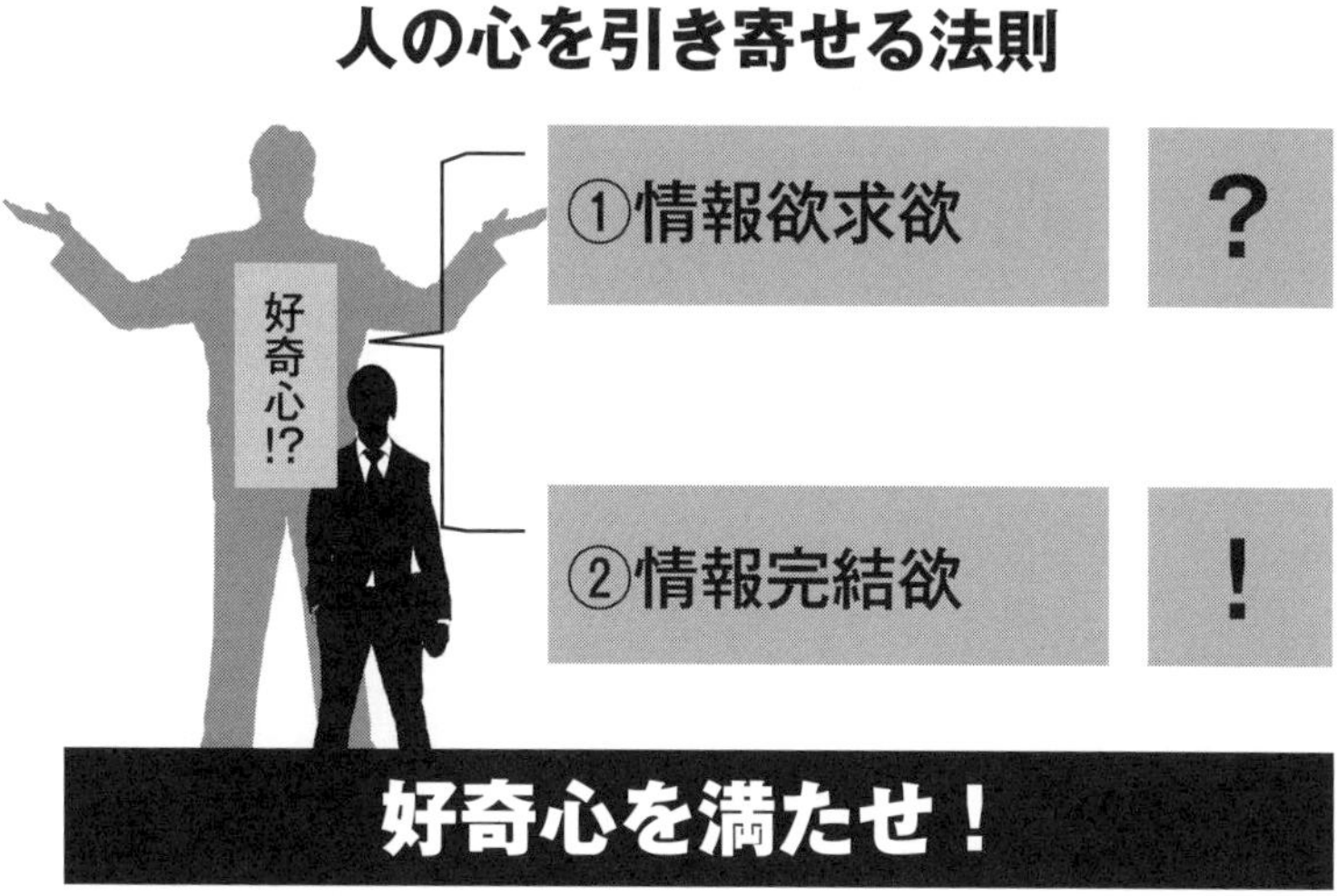

その人は、実演販売をする私の意図を知らないのです。それは、実演販売を通してしか分からないことがあるからです。

それは、「3つの変化」です。

実演販売をすると、「商品の変化」が分かります。

商品は常に変化しています。

そんな商品の一つに、携帯電話があります。ひと昔前まで、電話番号と携帯メールのアドレスを交換し、親睦を深めていた時代がありました。しかし今や、LineやFacebookを通じてコミュニケーションをとるのが当たり前になってはいないでしょうか？

こうした商品が変化していくのが感じら

れると、必然的にお店も変化していくのが分かります。

お店は変化対応業ともいえ、世の中の変化に対応できないお店から、なくなっていきます。生き残るための生存本能が、小売業には大なり小なり働いているのですが、その生存本能が低い順番に、淘汰されていくのです。

ですから、「商品の変化」とともに、「お店の変化」が分かるわけです。

かつての大手有名雑貨店にはカー用品から、サプリメント、なんでもかんでも揃っていました。しかし、いまはカー用品なんてありませんし、サプリメントもほとんどありません。最近では、カーテンすらなくなっています。

なぜなら、それぞれのカテゴリーごとに専門化したお店が、町の中心部に増えてきたからです。総合から専門にシフトしたのです。

すると、効率が悪く経費負担の大きい大型店も、コンパクトなサイズにシュリンクしていきます。

そんな「お店の変化」とともに、今度は「お客様の変化」が分かるのです。

そんな「お客様の変化」を、「あなたはどれくらい知っていますか?」と、私はお店の人々に問いかけます。それにハッキリ答えられる人は、ほとんどいません。

なぜなら、同じ業種で長く働き続けていると、自分の働く業種しか見えなくなって、周囲の変化は見えにくくなるからです。

ですから異業種の人が参入してきて、「お店のあり方」、すなわち業態というものを変えて変化に対応されると、従来の業種は、競争に負けて危機に瀕するのです。

社会が豊かになり、成熟化すると、人の好みが多様化します。すると、それに合わせて商品も多様化します。商品が多様化すると、お店の総合化ではまかないきれなくなります。その隙をついて、カテゴリーごとに深化して、専門店が出来上がります。

これが時代の流れです。その時代の流れについていけない地方の総合百貨店は、どんどん無くなっています。

２００７年までは、お客様は、お店に陳列された限られた商品の中から、自分の欲求に近いモノを選択、購入しようとしていました。だから、お店の陳列が工夫され出しました。

私はこれを、ビジュアル・マーチャンダイジング、その頭文字をとって「ＶＭＤ店頭比較の時代」と呼んでいます。お客様は綺麗に着飾った有名店舗を訪れたり、写真の綺麗なカタログ通販を通して商品を比較し、購入しようとしていました。

お客様は小売りのすすめられるままに、意外と従順だったのです。

2008年以降は、お客様は多数の候補の中から事前にリサーチ、比較検討を行い、自分の欲求に合致したものを選ぼうという傾向が強まってきました。私はこれを「パソコン検索の時代」と呼んでいます。

欲しいモノを店頭で見て、一番安いネット通販を探し出して買う行為です。お客様が値段に「わがまま」になってきたわけです。ですから、そうした通販サイトがもてはやされました。

商品の値段を下げる分、そのコスト負担に耐えうる大きな業者しか生き残れないようになり、お店から次第に従業員が消え始めたのです。

貧富の格差が増大し、世代間格差も開いて、お金は若い人に回らなくなり、そんな若い人から高級なモノを「買う」ことへのあきらめ感が蔓延しはじめたのもこの時期です。

2015年以降は、お客様が製品・サービスの比較検討作業を放棄し、自分の欲求が定かでないままで購入行動に移ろうとしてきました。

これを私は、「スマホ仲間の時代」と呼んでいます。お客様が商品に「無関心」になってきたのです。ですから仲間がスマホで発信した限られたもの、限られた店舗でしか買わなくなってきて、国内の購買客が縮まってきているのです。

それに反して、外国人客が多くなってきているので、購買が伸びているように感じているのです。そしてその外国人観光客も、スマホで情報を交換し、そんなスマホで写メされた商品を求めて、「これ、ありますか？」と店頭にやってきます。

この変化を助長している背景こそが、情報機器やコア技術の進化、最近ではとくにスマートフォン、通称〝スマホ〟の深化なのです。

◆ＳＮＳ、こんな私でも使っています！

私は、まったくの機械音痴です。人並外れて、パソコンのこともスマホのことも知りません。

パソコンがフリーズすると、「壊れた！　固まった！」とがなり立てては、何度も強制終了させてしまうくらいです。そもそもつい最近まで、ＵＳＢメモリと言われるデータを記憶する装置をパソコンからいきなり引き抜いていて、それをたまたま見ていた娘から、「そんな扱い方をしていたらパソコンが壊れてしまうよ！」と指摘されたくらいです。

しかし、そんな私でも、人並みにメールは打っていますし、パワーポイントで講演資料もつくっています。要するに私にとってのパソコンは、料理における「大根のおろし金」と一緒で、道具の一部なのです。

私は、TwitterもFacebookもアカウントを複数持っています。そのことを知った人は、「戦略的にですか?」と聞いてきますが、残念、そうではないのです。

かつて操作を誤って何度もログアウトしてしまい、ログインできなくなったのです。なぜログインできないか? ログインする際のパスワードを忘れてしまうからです。さらに最悪なのは、パスワードを忘れた際のアカウント先からの自分への質問事項、「あなたのニックネームは?」などの質問に答えられないのです。アカウントをつくる際に、どんな答えを設定したか、記憶に定かでないのです。

自分で家を建て、外出時にそのカギを落としても、合鍵がつくれなくて、もう一軒家を建てるようなものです。

そんな私でも、ソーシャル・ネットワーク・サービスと言われるSNSを使っているのです。

SNSから発信した情報が元となって、2018年の新年早々、大手有名雑貨店で100万円のトレーラーハウス1台と、20万円近い電動オートバイ4台を2日間で完売しました。

◆ハガキとＳＮＳは同じです

１９９７年、私がまだサラリーマンだったころ、これまでの人事総務部の職から営業に異動になり、ましてや人生はじめての土地、大阪に赴任しました。

私の仕事は、大きなビルの空調や暖房設備を受注する営業だったので、少なくても何千万円、何億円という仕事をとってくるものでした。そんな仕事は、人脈やそれがもたらす情報が無ければ、おいそれといただくことはできません。

これまでの先輩の営業のやり方で結果を出すには10年かかると言われていたのですが、社長命令で1年以内に結果を出すようにとのことでした。

そこで、私は図書館にこもり、これから上場するような会社の一覧をつくって、そこに飛び込みをかけました。

飛び込みで会ってくれた人には、ハガキを書いてお礼状を出していました。

そして、再び訪問の約束を取りつけては通い続けているうちに、電話の向こうでハガキを出した相手に言われたのです。

「あなたからハガキをもらって、こんなことを言うのもなんですが、ハガキをもらったお礼として言ってあげます。あなたからハガキをもらっても、ちっともうれしくも無ければ、なんとも思わないし、ましてや仕事を出すつもりもないから、こんな営業の仕方はあなたにとっての時間の無駄だから早くやめた方がいい」とダイレクトに言われたのです。

読者には、これとSNSと何の関係があるのかと思われるでしょうが、実に大ありなのです。

ハガキを書くにも、SNSを使うにも、大切なことは、コンテンツだということです。

私のハガキには、字面だけでコンテンツというものがなかったわけです。

そのコンテンツづくりで大切なことは、情報を受けとる側の「モノやサービスに対する共感、信頼をどう得るか」ということなのです。

そこで私は、訪問先の建物を構成している部分部分を絵にして、ハガキに描いたのです。訪問先の玄関にかかっている看板、入り口の自動ドア、雨どい、打ち合わせ室にある灰皿、廊下の手すり、天井にある空調機、そんなたわいもない部分を絵に描いてシリーズで出し続けたのです。

私は、「私の会社は、建物に関する会社です」というメッセージを相手先に伝え、営業先の建物の部分を描くことによって読む側の「共感」を得、ハガキを出し続けることで「信頼」を得たかったのです。

◆ハガキ12枚で受注した1千万円

私がかつて、営業として訪問していた会社に、海苔の製造メーカーがありました。

私はそこに、前述のようなハガキを1年間出し続け、そこの会社の電算室の空調システムの仕事を頂戴したのです。

いまでこそ、パソコンは誰でも使っていますが、昔は、まだコンピュータと呼ばれ、扱う人はその専門家で、それを扱う場所は湿気や熱に敏感なので、電算室という部屋があったのです。

そこの空調工事を1千万円という金額で受注しました。それが私が見知らぬ土地で得た、はじめての仕事でした。

購買決定権というのは、担当者一人によってなされるものではありません。それに関わる人々の合意が形成されていく過程があるわけです。

私は、かつて人事総務が仕事だったので、備品の買いつけには、多くの人の合意形成が必要でした。そのために私は購買予定先のカタログを用意し、見積書をとり、性能比較と価格比較書をつくり、何が会社にとって一番いいかの案をつくり、稟議を上げて上司の合意を得ていくわけです。

商品の比較でそれほど大きな差が無い場合、やはり足しげく通ってくれる先の会社を押したい気分になるのは人情です。

しかし、そんな足しげく通ってくれる業者の人に直接会ったことのない人々には、そんなことは想像できませんから情が湧きません。そして、私と同じ共感も生まれません。

そこで私は、個性あふれるハガキを出し続けることで、相手先の共感を誘ったのです。ハガキは、その会社の誰の目にも触れるし、面白いハガキに誰もが目を通そうとしました。その会社で電算室増設工事を発注してもらうころには、私の名前はその会社で誰にも知られるまでになっていたのです。

◆SNS機能の使い分け

ハガキはその文面が誰の目にも触れる機会があります。私は、この「みんなに知られてもよい」性質を「開放性」と言っています。

それに反して、封書は特定の人しか見ることはありません。私は、この「特定の人にしか知られてはならない秘密性」の性質を「閉鎖性」と言っています。

ですから私は、ＳＮＳにおけるＦａｃｅｂｏｏｋなどでは、その「開放性」と「閉鎖性」を上手に使い分けています。

メールは基本、出す先のアドレスが分からないとならないため「閉鎖性」のものですが、ＳＮＳは未だ会ったことのない人にも見られる機能もありますから、「開放性」があるのです。

大手有名雑貨店のバイヤーは、私に友達申請をしていなくても、私のＦａｃｅｂｏｏｋをのぞき見しているのを知っています。

ちょくちょく私の元からヒット商品が出るから、私がどんな商品を投稿しているかが気になるのです。

だれでも売れないものは、扱いたくないものです。そんなものを扱うことは、売場の効率性からいって無駄になるからです。

しかし、売れるものを探すのは、手間暇がかかるのと、売れない場合も多いので、リスクが伴います。私のＦａｃｅｂｏｏｋをのぞき見しているバイヤーたちも情報を集めるのに必死です。

私に商品を持ち込む人には、必ず私のFacebookに、友達申請をしてもらっています。

私のFacebookの情報自体が、商品の提案書のプレ提案書になっているわけです。売れる販売員は、自分の周囲の環境の変化を常に認識し、それに対応しています。しかし、一般の販売員は、その変化を認識することができません。ですから環境変化に対応するなんてことは、もちろんできないわけです。ただ、販売後に「売れなかった」という結果が現れるだけです。

売れる販売員の「売れなかった」は、次に売れるようになるノウハウになりますが、売れない販売員の「売れなかった」は、なんのプラスも生み出しません。単に「惰性の回転」だからです。

また私は、Facebookのグループ登録で、参加メンバーしか見られないという「閉鎖性」の特徴を生かして、販売方法のノウハウを従業員同士で共有してもらっています。

ある日、撥水剤を売っている私のクライアントさんの販売員が、「河瀬さんのようには、なかなか売れない」と相談がありました。

そこで私はＦａｃｅｂｏｏｋ登録をしてもらい、その会社の従業員にしか見えないグループをつくってもらいました。

売場の商品の陳列風景と周辺状況を、私の指摘したポイントから数枚写真を撮ってもらい、私のスマホに送ってもらいました。

それを見て私は、商品陳列を10センチ右に移動することをアドバイスしました。

商品をわずか10センチ右に移動しただけで突如売れるようになって、販売員はビックリです。

私はお客様の歩いてくる場所から、その商品が柱で陰になって見えていないことが分かったのです。商品を右に10センチずらすだけで、お客様から見える光景が全く違うのが分かったのです。

私は、そんな売場の心理を専門にしていますので、分かるわけです。きちんとした指導の下で、そうしたＦａｃｅｂｏｏｋの機能を使い分けただけで、まったく売りの結果が違ってきます。

Ｆａｃｅｂｏｏｋ上でのやり取りがみんなに共有されたので、どの従業員も同じように売れるようになって、その会社のコアの知識になりました。

そのコアの知識が、他の会社にマネのできない、その会社独自の強みになっていったのです。

◆水戸黄門のストーリーがＳＮＳの使い方の神髄です

私は講演会で「水戸黄門が一人で旅をして、悪代官を前にして自分で、『わしは、先の副将軍水戸光圀である、みなのもの控え、控えおろう！』と言ったらどうなると思います？」と聞きます。

そうです。多分、「このジジイ、怪しい奴だ！　つかまえて牢にぶち込め！」となるのではないでしょうか。水戸黄門本人が牢にぶち込まれて、水戸黄門漫遊記は成立しなくなるのです。

水戸黄門ストーリーが成立するには、３つの要素が必要です。まずは、助さん格さん、次に印籠で、最後に本人自身です。

お供の助さん格さんがまずはじめに、チャンチャンバラバラをおっぱじめ、いいころ合いに、格さんが印籠を出して次のように言うわけです。

「控え！　控え！　控えおろう！　この紋所が目に入らぬか！　こちらにおわす方をどな

たと心得る。恐れ多くも先の副将軍、水戸光圀公にあらせられるぞ！」

次に助さんが「ご老公のご前である。頭が高い！　ひかえおろう！」となって、杖を持って立っている老人が「これ主膳！」のように一喝するだけで、敵対していた人々がひれ伏すのです。

ＳＮＳもまったく同じで、自分一人で自慢して言ったことには、みんながほとんど反応しません。

しかし、だれかが「いいね」をつけているのがいっぱいある記事だと、ついつい次の人も「いいね」を押してしまうのです。水戸黄門で言えば、これが助さん格さんです。

次の印籠にあたるのが、共感を得る手段です。それが、写真なのです。それも「写真映えのする写真」です。

ＳＮＳの一つにインスタグラムというのがありますが、それには、写真映えさせる機能がついています。それが「インスタ映え」というもので、そんな写真を撮るのが流行で、それを撮るためにそんな光景のある場所に、我先にと行く現象があります。

私はかつてハガキに絵を描いて仕事を得たと書きましたが、絵を描くと、写真とは違って、自分の主張したい部分をちょっと強調して描くことができます。すなわち、これが今でいう「インスタ映え」させることなのだと思うのです。

◆SNSでは「嘘」と「モラルの無い行為」はご法度

有名な芸能人が宣伝したい企業側からお金をもらって、使ってもいない商品を、そのブログで使っているかのような「嘘」をついたりしている例があります。これをステルスマーケティング、短くして「ステマ」と言います。

「お客様に気づかれないように宣伝広告を行う」ことですが、これは明らかに、「嘘」です。これからはそれが、企業の「宣伝」なのか、自分の「本音」なのか、その使い分けをきちんとしないと、「宣伝」が「嘘」に早変わりして、炎上してしまうのです。

そうした「宣伝」が「嘘」にならないためには、ＦａｃｅｂｏｏｋやＴｗｉｔｔｅｒの投稿に「＃ＰＲ」というのを付けるのも手です。「＃」に続けて設定したいワードを入れることで、該当ワードが検索画面で一覧できるようになるので、「同じ興味を持つユーザーの目に留まりやすい」という効果があります。

私のクライアントさんで、京都で美容室を経営している人がシャンプーをつくって大手雑貨店で展開していますが、急に売上が伸びたので、どんな宣伝をしているのかと思って調べました。

するとそのＦａｃｅｂｏｏｋで上げた記事に「＃シャンプー」とか「＃展開している大手雑貨店の名前」という記述が他のクライアントさんの商品に比べて多いのです。

そこで私は、この「＃」（ハッシュタグ）を付ける意味を調べ、自分のＦａｃｅｂｏｏｋでやってみたわけです。その「＃」（ハッシュタグ）をクリックすると、自分と同じ興味を持っている人の関連情報が出てきます。すると、グーグルなどで検索した情報とは違い、その情報が自分に近づいてくる感じがあるのです。

いずれにしても、発信した情報が「嘘」だとみなされると、そのＳＮＳが炎上してしまい、クレームの嵐になり、ブランディングどころではなくなります。

ブランディングをするには、他とは違うのだという部分を差別化して強調しなくてはなりません。

世の中には、そんな「差別化」と「目立つこと」を混同してしまい、コンビニでアイスクリームの入れてある冷蔵庫に寝て写真を撮ったり、売り物のおでんをつついて写真を撮ったりと、してはいけないことをして目立とうとする輩もいます。

こういった「モラルの無い行為」で、いったん炎上すると、その商品や、その人の信用は失墜してしまうのです。すると、ブランディングどころではなくなるわけです。

ＳＮＳが登場してから、これまで隠されてきた「嘘」が露見しやすくなっていることも事実です。

大企業の製造業での品質隠し問題が昨今クローズアップされていますが、隠蔽されていた期間を聞いてビックリ、もう30年以上にわたってやっていて、半ば常態化している企業もあるわけです。

ネットが発達し、社会がグローバル化して、組織への個人の連帯意識が薄れると、これまで当たり前に扱われていたそれぞれの「隠し事」が、次第に表に出てきたわけです。

これまでは、その企業の特定の人しか知り得なかった情報が、みんなに共有されて、あっという間に拡散される時代になったのです。

企業の「嘘」も、個人の「嘘」も同じです。品質隠し、不倫、裏金、隠し財産、パワハラ、セクハラ、なにもかもが次第に表に露出され、拡散される時代なのです。

ですからそういう意味では、だれにも裏表なく接し、「清く、正しく、美しく」が大切な時代だと私は思うのです。

そして商品は、本物しか残らない時代の到来だとも思うのです。「嘘」のある商品はどこかで暴かれ、これまでのように嘘をつきとおすことが非常に難しい時代です。

テレビが衰退してきたのは、ＹｏｕＴｕｂｅやネットに押され、番組が企業広告で成り立っていけなくなったのも一因です。番組の予算カットとともに、内容も粗雑になってきています。内容も粗雑だから、面白くない。だから、ますますテレビを見る人も少なくなり、テレビ離れが顕著になっています。

いまやテレビは、チャンネルを替えても、替えても、どこもかしこも通販番組だらけになりました。インフォマーシャルといって、広告なのか、情報なのか、混同してしまうのです。

そして、ＹｏｕＴｕｂｅにユーチューバーなるものが出現して、登録数の多いユーチューバーの発言権が大きくなりました。

◆ニュー・メディアとオールド・メディア

こうしたＹｏｕＴｕｂｅを、ＦａｃｅｂｏｏｋだのＴｗｉｔｔｅｒだのＩｎｓｔａｇｒａｍだのといったSNSも含めて「ニュー・メディア」と呼んでいます。

それに対してこれまでの代表的なメディアである新聞、ラジオ、雑誌、テレビを「オールド・メディア」と呼んでいます。

私はこうしてメディアを2つに大別して、それらを組み合わせて使っています。

商品を売る場合、「口コミ」が強力な武器になります。しかし、黙っていては「口コミ」は永遠に起きません。しかし、それを起こそうと「口コミ」にお金を払っては、それは「口コミ」とは言いません。

では、「口コミ」の機能を持つサイトで販売すればいいのでしょうか？　自前のネット通販をはじめた人なら分かるように、それだけではまったく売れないでしょう。

売れないモノは、「口コミ」のしようがありません。なぜ、売れないか？　集客が無いからです。集客のある楽天市場のような有名サイトに出店しない限り、あなたの商品をお客様が見つけてくれないのです。しかし、有名サイトに出店するには、それなりの条件があるわけです。

私は自分自身で石けんをつくって、大手有名雑貨店で売上第1位になりました。すると、それを聞きつけた人が「弊社のサイトは売れますので、弊社のサイトに出品してみませんか？」と言ってきました。条件を聞いたら、定価の20パーセントで扱いたいと言ってきました。

もちろん、私は断りました。

いずれにしても、自前の通販サイトでは、たとえば船が難破して、無人島にたどり着き、そこで空を見上げて頭上を飛ぶ飛行機に向かって、一人手を振るのと同じなのです。だれも見つけてはくれないでしょう。

これが２０００年だと、話は違っていました。

当時はＷｅｂサイトを持っていれば、どんな人でも売れた時代があります。なぜなら周りの人がＷｅｂサイトを持っていなかったから、そこに商品を出すとヒットする率が高かったのです。

今や、だれもがＷｅｂサイトくらい持っている時代ですから、よっぽど差別化できて世間で注目を浴びていなければ、売れないでしょう。

１９９７年当時、私の友人は、建築業を営んでいました。下請けの下請け企業としてやっていましたが、「失われた10年」と言われたバブル不況にともなって、かなり厳しい状況でした。

そんな中で、建築現場の掃除で手に入れた洗剤を、見よう見まねで自分で売るために

2000年にホームページを立ち上げました。

それがヒットして噂になり、次から次へと商品が集まってきて、当時まだ出店料も安かった楽天市場に店を出して、そこで扱った健康商品が大ヒットしました。

しかし、2007年になると、一気に出店業者が増え、商品の差別化が難しくなり、アフリエイトというネット上での宣伝をしなければならず、次第に出費がかさみました。

そこで業績が落ちたのを機会に、儲けたお金でオーダーメードの高額な靴の事業を銀座ではじめました。いまは、大成功を収めています。

ネットでの商売が全盛期だったころ、この会社の商品を差別化するために、注文商品に一緒に添える商品新聞を書いてくれと頼まれました。この効果も相まってドンドン「口コミ」されて、楽天で5本の指に数えられるネットショップになったのです。

私自身も大手有名雑貨店での実演販売が忙しくなって、途中で商品新聞を書くのを中断したのですが、この会社は各マスコミにもとり上げられるほどに話題になりました。

「新しいメディア」と私が定義しているSNSに参入するときの壁は低いので、だれでもやる気になればいつでも参入できます。アカウントをつくればいいだけです。

逆に「古いメディア」に参入するためには、お金を払って番組スポンサーになるか、無料で取り上げてもらうかです。

どちらも、その壁は高いのですが、やりようはあります。すでにお気づきになっている読者も多いとは思いますが、マスコミに取り上げてもらうためには、商品やサービスに「話題性と社会性」があればいいのです。そしてその企画を上手にメディア側に伝えればいいのです。

かつて私が札幌に住んでいたときに、雲仙普賢岳《うんぜんふげんだけ》が噴火しました。私は町内の各自の家にある不要になったものを売って益金を捻出し、被災者に送ろうと考えたのですが、個人的な呼びかけだけでは不用品が集まってきません。

そこで、北海道で一番人気のあるラジオ番組に、益金を集める企画書を書き、ラジオ局に持参したところ、アナウンサーが読み上げてくれました。

すると、不要になった商品を集めるためのトラックを貸してくれる人、不要になった商品を出してくれる人、一緒に運んでくれる人、公園を貸してくれる自治体、必要なものはみんな揃い、益金をいっぱい集めて、地元新聞社を通して現地で被災された人に送ることができたのです。

このときに学んだ教訓は、「何を語りかけるか」よりも「だれが語りかけるか」が大切だということです。この当時、ＳＮＳがあったとしても、私が語りかけても、おそらくこの企画は成功しなかったと思います。

◆スイングバイ航法

リアル店舗自体が、「古いメディア」という考え方もできます。

私が出入りしている大手有名雑貨店は、取材のためによくテレビ局が出入りしています。季節ごとに、どんな商品が売れているかの調査のためにテレビ局がやってくるのです。

なぜなら、各テレビ局自体が、番組のコンテンツをつくるためにそのお店に昔から出入りしていて、まるでその店舗自体が、メディアのようになってしまっているのです。

私は、このお店で「お客様の心を一瞬でとらえる方法」で売上を上げ、商品の話題性をつくっていきます。そんな話題性に、広く社会に意義が認められるような社会性をプラスすると、テレビや新聞が取り上げたいニュースになるのです。

これまでまったく売れなかった〝投てき用消火器〟が、その典型例です。

この店で、私の独自の販売手法である「お客様の心を一瞬でつかまえる方法」で売れるようにして、〝火事〟と〝高齢化〟というコンセプトで発信すると、数ある消火器の中から、各テレビ局が次々と取り上げてくれました。

おかげさまで、その商品はそのお店を飛び出して、ホームセンターなど他のお店でも採用してくれ、扱ってくれる店舗数が増えてさらに認知が高まり、ますます売れるようになったのです。

この大手有名雑貨店を利用して商品をヒットにする方法を、私は「スイングバイ航法」と呼んでいます。

スイングバイとは、少ない燃料しか積めない惑星探査機が遠くまで行くときに惑星の重力を使って加速する方法です。

「少ない燃料しか積めない惑星探査機」を商品と見立て、「惑星の重力」を私が出入りする大手有名雑貨店と見立てて、そこでの実演販売という推進力で、加速して飛んで行くのです。

これが「ヒット」ということの源泉なのです。

◆リアルとバーチャルの融合

これまで私は、「現場を科学しあなたの売りたいを実現する」という理念で実演販売を通して、販売依頼者の満足する「売り」を実現してきました。その結果、数多くの「ヒット商品」を世に輩出してきました。

例えば、右利きの人の行動特性によって商品の配置を変えたり、大阪と東京のエスカレータの乗り方が違うことに目をつけ、地域における行動パターンの違いによりお客様に接する物理的距離を変えます。

また、それぞれの商品が持つ特性によって、人間の脳の判断がいかに変わるかで商品説明の方法を変えたりして、それぞれのカテゴリーでヒット商品をつくり出してきました。

こうしたことを、店内のカメラ映像からお客様の商品を買うときの顔の表情の変化や、行動パターンを割り出し、それをレイアウト変更や棚割に使ったりできたらと長い間考えています。

これこそが、あらゆるモノをネットにつなげる「リアルとバーチャルの融合」、最近の言葉に置き換えるなら「IoT（Internet of Things）」なのではないでしょうか。

あらゆるモノがネットにつながることによって実現する、新たなサービスや商品です。

◆これからのお店のあり方

最近はどのお店に行っても、従業員たちが無表情に働いています。無表情ならまだしも、不機嫌そうに働いている人も多いのです。マニュアル的な仕事は創造性がないので、面白味を見出せなくなっています。

接客に効率性を持たせるためには、従業員の動き一つひとつを標準化してマニュアル化するのが早道です。しかし、人はそんなマニュアル化に創造性を失い、次第に面白くなくなるのです。

従業員が面白くないから、当然、来店するお客様も面白くないので客足は遠のきます。客足が遠のくと、売上が下がりますからリストラが進み、従業員が少なくなり、その分これまでの従業員の負担が増えますから、さらに従業員は不機嫌になるのです。

私から石けんを買ったお客様が、

「とてもよかったので、また買いにきたのだけれど、この石けんの置いてある場所が分からなかったので、買うのを止めた」と言います。

私は、「だれか従業員に聞いてくれれば……すぐ分かります」と答えるや、

「聞こうとしても従業員が見当たらないし、やっと見つけた従業員は忙しそうにしていて、

聞くのを止めた。でもやっぱり忘れられないので、今日きたら、あなたがいたので良かったわ」と答えられたのです。

お客様とはとても面白いもので、ちょっとしたことがキッカケになって、商品を買ってくれ、「こんな良い商品を紹介してくれてありがとう」とお礼まで言います。

お客様は、良い商品を良い接客で買うと、超ハッピーになるのです。超ハッピーになれば、商品はブランド化するのです。

私はいつもお客様を観察し、お店の床がいつもより黒くなっていると「乾燥しているんだな」と思い、お客様の手の甲に美容液をたらして差し上げます。

すると、いつもよりお客様は敏感に反応し、商品に興味を強く示します。その美容液を買って行ったお客様と、次に出会うときは、お礼を言われることしきりです。

「あなた、いたのねー！　先日は、ありがとう！」と。

すると私自身がブランド化するので、違った商品をすすめても買って行ってくれます。

お店のレジの人が言うには、お客様の買い物カゴから商品を出しながらレジを打ち、洗顔石けん、枕、洗剤、消火器と無秩序な商品が出てくると、また、私がきているんだろうなと察知するのだそうです。

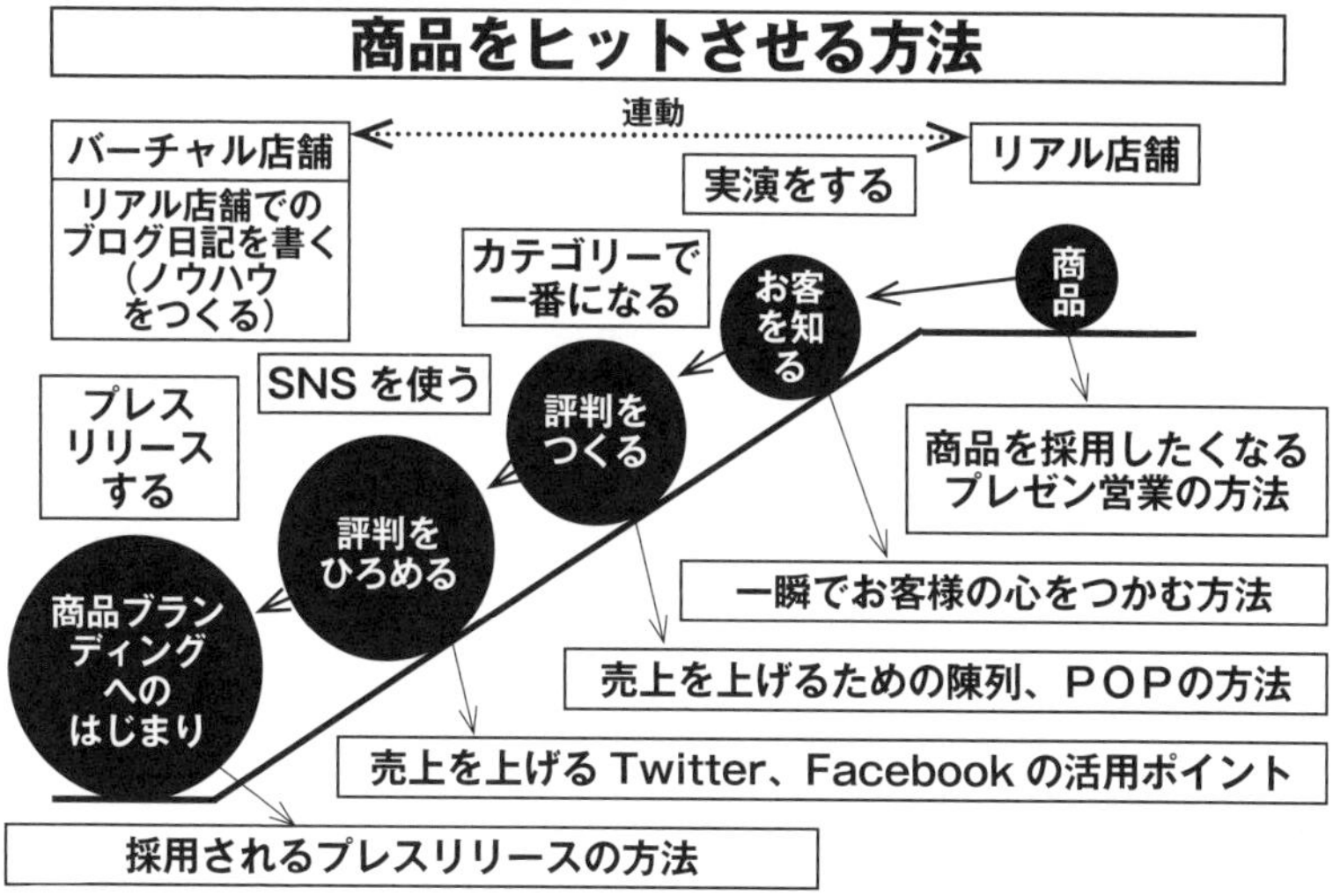

レジの人にとっては無秩序に見える買い物も、お客様にとっては無秩序ではないのです。それは、「超ハッピー」という商品を、買い物かごに入れるからです。

こうしてお客様は、「また、あなたから買いたい！」と言ってお店にきたら、笑顔と笑顔の対面になるのです。

これからはこうした、お店への信頼感、共感を高め、言いたいことを伝えられる「メディア力のあるお店」だけが、残って行けると私は考えています。

第5章

なぜこの商品は成功したのか？

ヒットに成功した商品①
「マイクロナノバブルのシャワーヘッド」

◆何をもってヒット商品と呼ぶのか?

爆発的人気を得た商品のことを一般的にヒット商品と呼びます。

しかし、ヒット商品と一口に言っても、ある層には爆発的に人気があっても、ある層にはまったく知られていない類の商品があります。

新聞などで半年ごとに発表される「ヒット商品番付」なるものを読まれたことのある人もいるでしょう。ちなみに日経MJによる「2017年度上期のヒット商品」というのを見てみましょう。

売り物か、そうでないかは別にして、東の横綱として「稀勢の里」、西の横綱として「ニンテンドースイッチ」、東の大関として「ヤマト値上げ」、西の大関として「GINZA SIX」、東の関脇に「トヨタC-HR」、西の関脇に「タクシー初乗り410円」と、延々前頭まで発表されるのです。

小学生は「稀勢の里」を知ってはいても、「ヤマトの値上げ」なんて分からないだろうし、車に関心の無い人は、「トヨタＣ－ＨＲ」は知らないだろうし、札幌に住んでいる人にとっては「ＧＩＮＺＡ　ＳＩＸ」なんて分かる人は少ないでしょう。

では、何をもって「ヒット商品」と呼ぶのでしょうか？

話題性？　顧客満足度？　売上？

ある年テレビに取り上げられて有名になったラーメン店に行ってみると、看板が下りていたことはないでしょうか？

同様に「使ったらとっても良い商品だったので、また買いにきたの」というお客様に、「すみません、あの商品無くなっちゃったんですよ！」と答えるのは辛いことです。

一昨年まであれだけ売れてた商品が、どうして今年は見当たらなくなるのでしょう？

理由は簡単です。いくらみんなが知っているという商品でも、儲からなければ、次第に流通しなくなります。

いくらお客様に「この商品とってもいいんだよね」と褒められても、儲からなければ、お店では次第に扱えなくなるのです。

いくらジャンジャン売れても、儲けがでなければ商品をつくることはできなくなります。

何をもってヒット商品と呼ぶかは、これはもう他人の言うに任せるしかないわけです。自分ではない第三者によって、「これは、ヒット商品！」と言われれば、それはそれでもうヒット商品なのです。

一般に広く知られていなくても、「これこそは隠れたヒット商品！」と言われる商品が、それぞれのカテゴリーの中にあります。

そういったヒット商品と呼ばれるカギとなるのは、「儲け」、すなわち「利益」なのです。

◆ヒット商品を輩出すると会社はどうなるの？

私の経験上、ヒット商品が出ると、会社の抱えるほとんどの問題が解決できます。

3年連続債務超過、その額なんと8千万円、倒産間近という企業がありました。

水栓バルブ製造の専門メーカーだったのですが、自分でシャワーヘッドを開発して自信満々、大手有名雑貨店はじめ、いろんなところに持ち込んでみたものの扱ってくれるところがどこもありませんでした。以前にも登場させた例の会社です。

「注文が思ったようにとれない、思ったように動いてくれる人材がいない、価格競争が激しい、資金調達が上手くいかない、資金繰りが苦しい……」そんな問題が山積みでした。

しかし、一発ヒット商品を出して売れるようになってからは、その企業は見るみる変身を遂げ、これまで抱えていた問題はすべて解決してしまったのです。

マイナス1・1％だった経常利益率は、プラス24・6％になり、社員の給料はアップしたのと同時に、新社屋を建てて手狭で不便なところから移転し、年に2回、社長は社員とともに海外旅行を楽しむようになりました。

社員は大喜びで、それを聞きつけた優秀な人材がドンドン集まり、その人材が次の商品を開発し、ますます売れてしまうのです。

ついには、優秀模範企業として中小企業庁の発表する「2017年版の中小企業白書」の事例として掲載されてしまいました。

そんな優秀模範企業とは、岐阜県にあるシャワーヘッドの開発、製造及び販売を行う株式会社田中金属製作所という会社です。

今では、あちこちのテレビ番組でもしょっちゅう取り上げられていますので、観た方もいらっしゃるかと思います。

◆自分の意思で仕事がしたい

同社はかつて下請メーカーとして、水栓バルブ部品の製造を行ってきました。水栓バルブとは、銅合金や金属でつくられた上下水道に用いられる金属部品のことです。その代表的なものは「蛇口」ですが、その他トイレや洗面台、止水栓や分水栓です。

株式会社田中金属製作所は、そんな部品を長い間「第二次下請け企業」、すなわち孫請企業としてつくり続けていたわけです。

孫請企業とは、下請けの下請けです。第一次下請企業から支給された材料を図面通り加工し、納期内に納めれば、あらかじめ決められた加工賃をいただけるというものです。孫請け会社は、末端の作業レベルの仕事にしか携われず、いい仕事をしても客先などから評価されるのはより上の請負会社になるので、現場での仕事は評価になりづらいわけです。するとと従業員のモチベーションも上がるはずもなく、もちろん、もらえるお金も少ないわけですから給料も低いわけです。俗に言う〝3K〟、「きつい」「汚い」「危険」の代表例のような職種でした。

仕事もお金も、すべて川上の企業に握られているわけです。そこで社長は、次第に自分の意思で仕事をし、直接お客様の評価を得たいという気持ちになっていったのです。

◆付加価値に目覚める

90年代後半頃から、「節水・節電事業」がブームとなり、田中金属製作所は、そんな事業会社から商品の「節水コマ」という部品の製作を依頼されるようになっていきました。

しかし、自分たちのつくる製品が1個3円～4円で卸すと、それが１００円で売られ、他の製品とセットされると１８０００円にもなることを知ってしまったのです。

自分たちのつくっている部品の先は、何百倍も何千倍にもなって製品が出来上がっていることに驚いたわけです。

それまでは、商品の値段とは材料費に手間賃を乗せたものだと思っていたことが、こうした物流の仕組みの中での付加価値というものに目覚めていくわけです。

人間とは弱いもので、それまでは、部品をつくれば売れて儲けが出るという日常に流され、満足しきっていたわけです。

しかし、２００3年頃からの住宅着工の低迷による需要の停滞や価格競争の激化により、主要取引先の水栓バルブメーカーの廃業が相次いだことで、売上高が約10分の１まで落ち込んでしまいました。　そこで、同社は、いよいよ下請け取引に頼らない、自社製品の開発と販路開拓の必要性を心から感じはじめていくのです。

◆「良いモノ」は「売れる」か？

そのとき社長は、シャワーヘッドが高額で流通していることを知り、自社でシャワーヘッドを開発することを決めたのです。

節水に加えて当時美容作用や高い洗浄作用を発揮するとして話題だったマイクロナノバブルに着目しました。マイクロナノバブルを発生するシャワーヘッドの開発を進め、2011年になんとか商品化にこぎつけたのです。

こうして、名実ともに孫請企業から純然たるメーカーになって、仕事もお金も自分の意思でできるようにはなったものの、売れなければしょうがないわけです。

自信満々、開発した商品を有名雑貨店に持ち込んだところ、「価格が高いから売れない！」の一言で断られ、代理店も思ったように見つかりません。こうして販路が見つからないまま、これまでの商品開発への負債が膨らみ、ついに累積赤字は8千万円になって倒産の危機にさらされました。

社長の「良いもの」をつくれば「売れる」という自信は、どのお店も「扱ってくれない」という現実の前に、もろくも崩れ去ってしまったわけです。

なぜどこも扱ってくれなかったのかと言えば、どこも「この商品は売れる可能性が無い」

と思ったからです。「売れる可能性が無い」商品を売りたいチャレンジャーは、なかなかいないのです。

このとき社長は、持込み先の大手雑貨専門店のバイヤーに再び食い下がりましたが、「価格が高い」のと「一般人に特殊技術が理解されない」だろうというのがネックとなり結局断られました。

◆価値を創出する

シャワーヘッドとして商品化した当時は、美容作用や高い洗浄作用を発揮する「マイクロナノバブル」という特殊技術がありながら、ほとんど一般に知られておらずセールスポイントにはなりませんでした。

大手雑貨専門店も、この商品の一番の特徴である「マイクロナノバブル」がセールスポイントにならないという点と、それに対する商品の値段の高さに導入を断ったわけです。

「売れないモノ」と判断されたものを、どこも売りたくはないわけですから、マーケットには登場できないわけです。

そこで相談を受けた私は、セールスポイントが無いならば、それを創出するということを考えました。

そのためには、①発想をカエル、②視点をカエル、③物をカエル、④条件をカエルという、「カワセ式商品を変える4つのカエル」という私の理論のうち、①発想をカエルという手法を使って、商品の価値を創出したわけです。

◆発想をカエル

「発想をカエル」とは、今ある商品コンセプトを、何か別のものに「例える」とどうなるかというものです。

「マイクロナノバブル」とは、直径が1ミリメートルの1万分の1、つまり0・0001ミリメールの大きさの泡をつくり出せるわけです。

これを人間の毛穴の大きさに例えるとどうなるかということを、絵で表現しました。

一般のシャワーヘッドから出る泡の大きさ、人間の毛穴の大きさ、マイクロナノバブルの泡の大きさという3つに分けて、それを絵にして、特殊技術を毛穴の大きさに例えて表現したのです。

◆価値を伝える

私は、「商品の価値を伝えるためには、実演をすることなのです」、そう大手有名雑貨店のバイヤーを説き伏せました。

「河瀬さんが実演をされるのであれば、これまでの実績もあるし期待します」ということで、このシャワーヘッドは、はじめて大手有名雑貨店のマーケットに登場しました。

商品の価値を伝えるためには、多くの人は、「どのようにしゃべろうか?」とばかり考えますが、私の場合は、「何をしゃべるより、だれがしゃべるか」というところに力点をおいています。すなわち、お店の選別です。

◆カテゴリーを変える

シャワーヘッド会社の社長は、「大手有名雑貨店のどのお店がいいのですか?」と聞くので、「この手の商品が一番難しいお店がいいですね」と私は答えました。

私の言う「一番難しいお店」とは、大手有名雑貨店の銀座店のことです。店舗はＪＲ有楽町駅前という好立地ですが、「銀座」という土地は他の繁華街とは全く異なります。日本で一番ステイタスが高く、世界中の最高級ブランドが旗艦《きかん》店を置く場所なのです。

ここでＤＩＹの道具を求めている人はほぼいません。だから逆に個性的な商品が求められていました。

このシャワーヘッドは、世の中の常識からすると、ＤＩＹというジャンルの「バス・洗面用品」といった水回りの商品なのです。しかし、そのジャンルでは売れないのです。

商品のジャンルのことを、専門用語でカテゴリーと言いますが、その商品のカテゴリーを、「バス・洗面用品」から「美顔用品」に私は変えてもらったのです。

◆実演販売でお客様の心をつかむ

２０１２年12月１日のことです。

そのときの心境を、シャワーヘッド会社の社長は『商品が躍るステージをつくる町工場』(三恵社) という本で書いていますので、少し抜粋させていただきます。

『河瀬さんの薫陶をうけたぼくたちが、東急ハンズ銀座店で初舞台をふんだのは、２０１２年12月１日土曜日のことでした。

初冬の日本列島を真冬並みの寒気がおおい、日本海側は雪。東京都心も朝からくもり。昼には冷たい雨が降ります。12月上旬にしては寒さが身にしみる１日になりました。公務員の冬のボーナス支給日の直前の週末です。天候もあいまって、有楽町・銀座界隈は、いつもより人出が少ないようでした。

実演販売のスタッフは5名でした。ぼくと当社の営業担当者、河瀬さん、そして応援を買って出てくれた友人とぼくの娘です。

7年前に一度経験したことがあるとはいえ、ぼくたちにとっては初舞台のようなものです。またさっそくトラブルも発生しました。シャワーの感触をお客様に試していただこうと、店頭に置くことができる水の循環装置を自作して持ち込んだのですが、折からの天気の影響で、水が氷を浸したように冷たくなってしまったのです。これではお客様に触れていただけません。そこで、当社の営業担当者は、地下の社員スペースに給湯器があることを思い出し、そのお湯を利用することを思いつきました。地下から売り場まで何度もお湯を運ぶのは大変な手間でしたが、お客様に「マイクロナノバブルシャワーヘッド」の良さを理解してもらうには、泡に触れていただくのが一番の近道です。それが使えないとなれば、結果に悪影響を及ぼす可能性が大いにありました。

結局、循環装置はお湯に満たされ、売場を訪れたたくさんのお客様に「マイクロナノバブルシャワーヘッド」の良さを実感していただくことができました。

そして、「マイクロナノバブルシャワーヘッド」は30本を売り上げました。

滑り出しから本人たちも驚くような売上を記録したのは、コンサルタントをお願いした河瀬和幸氏の卓越したノウハウによるものでした』

◆カテゴリー内一番戦略

かくして大手有名雑貨店の銀座店で、シャワーヘッド売り上げの新記録を叩き出してから、ドンドンほかの大手有名雑貨店のお店でも取り上げてくれるようになりました。次から次へと記録を塗り替え、評判が評判を呼び、小さな評判が雪だるまのように次第に大きくなっていったのです。気がついたら、大手有名雑貨店の売上新記録となったのでした。

私は、こうやってお店の中の「カテゴリー内での一番戦略」というのをとっていったのです。

「日本で一番高い山は?」と聞かれて、「富士山!」と答えられても、「では、二番目に高い山は?」と聞かれると答えられないように、二番手のものは人の記憶に残らないのです。

商品にもまったく同じことが言えるのです。記憶に残らないモノは、ブランドにはなりません。

そんな評判がマスコミにも知れるところとなり、『ガイアの夜明け』という番組に取り上げられると、今度は、一般顧客もさることながら代理店もどんどん増え出したのです。「認知は購買を誘導する」と前述しました。人は知らないものは、興味が湧かないから、買わないのです。だから、どこも商品を知らしめるために広告を打ったり、ＴＶＣＭを流したり、ＳＮＳを使ったりと涙ぐましい努力をします。

私は販売員が売ることにノウハウを持つので、そのノウハウを供与してこの商品を評判にしたのです。

◆ヒット商品炸裂！

私が２０１２年にコンサルタントを引き受けた翌年末から、「マイクロナノバブルシャワー」はヒット商品と呼ばれはじめ、その会社の経常利益率は一気に25倍となり、現在もその好調さを維持しています。

社員の目にはやる気がみなぎり、新しく優秀な社員もどんどん入ってきたので、事務所も岐阜の山奥の倉庫の一角から、名古屋市内の8階建てのビルに移転しました。

『株式会社Ｗａｔｅｒ　Ｃｏｎｎｅｃｔ』という販売会社も新しくつくり、田中社長はこう言っています。

「ぼくたち町工場の人間は、モノづくりで飯を食い、モノづくりだけで世間に認められてきました。

だからいつの間にか、『作ったモノは売らなければ利益にならない』という当たり前のことを忘れていたような気がします。

父から受け継いだ孫請けの町工場を、少しでも川上にある会社に、あわよくばメーカーにしようと決めた瞬間から、ぼくはこの『忘れられていた当たり前のこと』を思い出し、人に尋ね、勉強し、そして何より実行することを考えてきました。

そしてそれを、脱皮しようと戦っている会社、脚光を浴びる価値のある技術や商品に生かそうと考えて設立したのが『株式会社Ｗａｔｅｒ Ｃｏｎｎｅｃｔ（ウオーターコネクト）』です」

倒産間際まで追い込まれ絶体絶命の危機から、株式会社田中金属製作所は一つのヒット商品を輩出したことで、社業を大いに発展させ新しい夢に向かって羽ばたいているのです。

この会社のことは、２０１７年版の中小企業白書の事例にもなり掲載されています。

ヒットに成功した商品②
「イエローハットでのタイヤ」

◆兄ちゃん、タイヤ見て！

私はこれまでの建築営業の仕事から、まったくの畑違いの職種である『株式会社イエローハット』に入社して、大阪にあるお店の販売促進の仕事をしていました。

大阪には、そのカー用品チェーン店の近畿本部の大きなビルがあり、そこにもお店が併設されていました。私は本部ビルのオフィスから、いつもそのお店を見下ろしていました。

入社したてのある晴れた春の日の昼下がり、背広の上にエプロンをして、そのお店に販売促進の資料を渡しに出かけたときです。

本部ビルからお店に行くには、お店の駐車場を横切らなくてはなりませんでした。私がその駐車場を横切っていると、一台の車が入ってきました。その車のドアが開いた音がするや、私の背後から声がするのです。

「おい、兄ちゃん、兄ちゃん、ちょっと！」

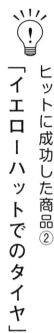

私が振り向くと、40代も半ばの男性客が立っていました。

「私ですか？」

と私自身を指さし、その男性客に聞くと、

「ほかに誰がおるの？　兄ちゃんしかおらんやないの、そうや、兄ちゃんや」

とそのお客様は言い、続けざまに、

「兄ちゃん、ちょっと、タイヤ見て、タイヤ！」

私は、タイヤを交換したり、オイル交換をしている作業場であるピットに向かって、だれか従業員を呼ぼうとすると、その男性客は私に向かって再び、

「兄ちゃんやがな、兄ちゃんでいいがな、見て、タイヤ！」

と言うのです。

男性客の車の前でタイヤを見下ろすと、その男性客は声を荒げて、

「アホ！　タイヤ見てくれ言うとんねん、タイヤ見下ろしてどないすんねん！　お前、アホちゃうか！　ここの従業員やあらへんの？　ええで、ええで、向こうにオートバックスあるからそっちに行くで！」

と、怒って帰ってしまったのです。

私は、車には全く関心がありませんでしたが、創業者に惚れて転職したのでした。

私自身は事務方という思いが強かったので、車のタイヤについてはまったく知識がありませんでした。

お客様の言った「タイヤ見て」の意味は、「タイヤのすり減り状態を見て」ということなのです。それはタイヤにあるスリップサインという部分を見ると分かるのですが、当時の私はそんなことさえ知らなかったのです。

◆お客様が怖い

私がその大手カー用品店の創業者の肝いりで入社した、という噂を聞きつけた以前の会社の同僚が、その日に限ってその真相を確かめにお店にきていました。

そして、私がお客様から怒鳴られている現場に偶然居合わせたのです。その同僚は、お客様に怒鳴られて呆然としていた私の元にきて、耳元で呟いたのです。

「河瀬も、落ちたね……」と。

実は、それまでの私は、大手総合商社の名前を背景にして、大きな仕事を次から次にとってくる営業マンでした。

何度も何度も社長賞をとるので、ずいぶんと同僚たちからは妬《ねた》まれていました。廊下ですれ違った先輩社員にも、「未来の幹部候補生」と揶揄《やゆ》されもしました。そんな職場環境が半ば嫌になり、転職したのです。

元同僚から「河瀬も落ちたね！」と言われた瞬間、次から次へと涙がこぼれてきて、乾いた駐車場の路面に吸い込まれていくのが自分でもハッキリ分かりました。

そして、翌日から私は出社できなくなったのです。心の病です。

お客様に怒鳴られたのがトラウマになり、お店に行けなくなってしまったのです。

しばらくして会社に復帰したものの、私は、それを克服するべく、お店に行ったときに自分の居場所を見つけるようになりました。

それがタイヤ売場です。

タイヤ売場は、お店の外にありました。ですから、タイヤは外気にさらされて、汚れが付きます。

私は、心の病のリハビリプログラムとして、そのタイヤを磨くことを決めました。

タイヤ売場で、タイヤの中に挟まるような形で、お客様に尻を向けてタイヤを磨いていると、お客様からは声をかけられることもないからです。

◆タイヤって、丸くない？

そうやってタイヤを磨いていると、次第にタイヤに愛着がわいてきて、タイヤについて知りたくなりました。

私は店を訪れるタイヤメーカーの販売員をつかまえては、「タイヤって何ですか？」といきなり聞きはじめたのです。

そう聞かれると、どのタイヤメーカーも、自分のところのタイヤがいかに優れているかを宣伝します。私が聞きたかったのは、そういうことではなかったのですが、どういう風に聞いたらいいのかさえ、自分では分からずにいたのです。

あるときミシュランというタイヤメーカーの技術者がやってきました。そしてその技術者は、こう答えたのです。

「河瀬さん、タイヤって丸くないのですよ！」

私は、すかさず「ハッ？」と聞き直すと、

「河瀬さん、タイヤを丸くするために、どの会社もその技術を競うのですよ！　京都の御所車を想像してください。木の車をゴロゴロゴロゴロ引っ張るわけですが、あれが自動車についていたら燃費が悪いでしょう。だから厳密に見るとタイヤって丸くないんですよ！」

私は、この言葉に衝撃を受け、

私は心の内で、「デッ、それで？」と、その人の説明してくれるタイヤについて夢中で聞いていたのです。

翌日から私は、タイヤを磨きながら、くる日もくる日もその技術者の説明してくれた説明を、ぶつくさ独り言を言いながら復唱しました。

◆販売の5階段

そんなある日、

「兄ちゃん、おもろいね……」

と、あるお客様が私のそばで、私の独り言を聞いて聞き返したのです。

「タイヤって丸くないの？　それ、どういうこと？」

と聞くので、そのタイヤメーカーの技術者から教わった通りに喋ったのです。

するとお客様は、

「おもろい、おもろい、兄ちゃん、おもろいで！　兄ちゃんの好きなタイヤどれ？」

とお客様は聞くので、

「これです！」

と、タイヤについて私に教えてくれたメーカーのタイヤを指さすと、お客様は、

「ナルホド、それでタイヤ交換して！」

と、私の生涯初販売につながったのです。

お客様は〝心の中に5つの階段〟があり、買うまでにそれを順次上るのだということが分かったのは、この経験が元になっています。復習すると、こうです。

・心の中の階段1段目　「エッ？　なにそれ？」
・心の中の階段2段目　「デッ、それで？」
・心の中の階段3段目　「へーッ、なるほど！」
・心の中の階段4段目　「欲しくなっちゃった。どうしよう？」
・心の中の階段5段目　「ヨシ、買おう！」

その最初の階段が一番大切で、お客様が「エッ？　なにそれ？」という衝撃が大きければ大きいほどいいのです。

それは、メンタリストＤａｉＧｏが、初めてテレビの前でスプーンをいきなり曲げたときくらいの衝撃です。

私はこれを〝ビックリ感〟と呼んでいます。

商品の機能の中から、相手を驚かせることのできる部分が何かを探し、それをどのように表現するかで、その〝ビックリ感〟が出るのです。

それが、私が教えられた「タイヤって丸くないんですよ！」だったわけです。

この一言から私は、その年の暮れ、ミシュランタイヤを筆頭に、イエローハットでタイヤを日本一売ったのです。

ヒットに成功した商品③「水の美容液」

◆業態転換

「河瀬さん、ちょっと見てほしい商品があるんですよ。美容液なんですが。そこのメーカーさんに河瀬さんの携帯番号を教えてもいい？　ちょっと会ってあげてくれません？」

大手有名雑貨店のＦＣ店の主任からの電話でした。

その電話を受けて、私が会ったのは、一人の中年の女性で、経理部長の名刺を差し出してきました。

彼女は、あいさつもそこそこに打ちきり、いきなり、

「この商品をぜひ、大手有名雑貨店に取り扱ってほしいと飛び込みましたら、河瀬さんという人が売ってくれるなら、扱ってもいいよということだったものですから。一度お話をしたいと思いました、ぜひ、私どもの商品を売ってみてほしいのです！」

と懇願されたのです。

私は、その中年女性に向かって、

「ちょ、ちょっと待ってください。私は販売コンサルタントですから、あなたが思っているような時給で売る販売員ではありませんよ」

と答えると、

「もちろんです。河瀬さんのことはすでに大手有名雑貨店の人から聞いてますので、販売コンサルタントをお願いします！」

と、いきなり言いきられたわけです。

「でも、あなたは経理部長ではないですか？　いきなりそんなことを言って、私がコンサルの費用も提示しないうちに、あなたの会社の社長、了承しますか？」

と再び私が聞くと、

「大丈夫です、私が立ち上げた事業ですから、私がこの部署の総責任者なのです！」

と、再び強い口調で言いきるのです。

それからその責任者という女性から話をつらつら聞くに、どうやら工具類を扱う商社が、化粧品メーカーに業態転換したいということなのです。

工具の需要は年々減って、もうこれ以上商売は続けられないので、たまたまある人から持ち込まれた商材が良くて、それを化粧品にしてみたものの売り先がなく、公園でサンプルを配っているということでした。

私は、その経理の女性責任者に聞きました。

「商品をブランド化するには、それなりのお金がかかるのですよ。それは大丈夫なのですか？」

「銀行さんに相談に行ったら、大手有名雑貨店さんで扱ってくれるなら、それ相応のお金を貸してくれるという約束なのです！　ですから河瀬さんにお願いしたのです。内容物である化粧品のパッチテストも済み、あとはパッケージや販促物をつくるだけなのです！」

◆パッケージの大切さ

どんなに良い商品でも、目立たなければ、だれの手にもとってもらえません。だれの手にもとってもらえなければ、だれも買わないのです。

この目立つということはとっても大切なことなのですが、ただ目立てばいいというものではないのです。

洋服で言えば、その人の体形や容貌にあった服を着ることが大切です。パッケージは、商品の服なのです。その着こなし如何《いかん》によって、市場デビューして売れるかどうかが決まるわけです。

しかし、デビューしようとするその市場には、たくさんの商品が居並んでいるわけです。そんなところで、目立つには、やはりみんなと同じではダメなのです。

パッケージに大切なことは、3つあります。

①色、②形状、③ネーミング、です。

私は、その商品のデザイナーと毎日、毎日その商品がデビューするお店に行き、棚にずらりと並んでいる、いろいろな商品を観察し、その上で打ち合わせを繰り返しました。

「なぜ、その色なのか?」

「パッケージの形状は、それでいいのか?」

「その商品ネーミングは、適切か?」

人はお店では、いろいろな商品に関する情報を目から受けとります。まずは色で、その商品をイメージしようとします。ですから、その商品をパッと言い表す箱の色を話し合い、意味づけして考えなければなりません。「なんとなく……」といったような成り行きで決めては、ブランド化しないわけです。

「人の心を明確につかむ」モノしかブランド化しないというのが、私の主張です。

パッケージは、その縦横の長さに黄金比率があります。

私は、「白銀比」という縦横バランスが一番好きです。

１：$\sqrt{2}$（１：１.４１４）がそれです。コピー紙のＡ４サイズとかＢ５サイズが、それです。

実は、この商品をつくるにあたって、私はいつもパッケージの専門家と一緒にお店まわりをしました。

◆カワセ式販促フレームワーク

＜３つの目的＞

私に商品を持ち込んできた女性責任者は、実は社長の元奥様だったのです。離婚して、財産分与としてその事業をもらったということでした。

その事業のはじめが、その商品を売ることだったのです。まったくのゼロからはじめたわけですから、従業員といっても、その経理部長以外誰もいないわけです。その女性がその事業部の社長、経理部長、営業部長……、いずれにしても一人でなんでもこなさなければならない立場なわけです。

私は、見るに見かねて、コンサルタントと言いながら、私が営業と販売を直接担当したわけです。

私は営業、販売をするにあたり、「なぜ、その店で売らなければならないのか?」ということを念頭に、「3つの目的」をつくりました。

①「本来の目的」、②「当面の目的」、③「隠された目的」、というものです。

「本来の目的」は、売上を上げることです。売上を上げるとは、儲けることです。儲けるには、市場シェアをとらなければなりません。

それには、その大手有名雑貨店のお店すべてで全国展開をしたいのですが、実績が無いので置いてくれる道理がないわけです。

そこで、「当面の目的」が大切なわけです。

それこそが、「一番売れないお店で売る」ということでした。そこで評判がとれれば、あちこちのお店から売ってみたいという要望が出るのを待ち構えていたのです。これは小さな評判を、雪だるま式に転がして大きくするという方法です。

実は、そうしながらも、そこには「隠された目的」があったのです。商品アイテムを増やし棚を占有するということです。そのためにも、評判をとった商品の什器《じゅうき》を考えたわけです。

棚に1品のはめ込み式で、アイテムが増えるとそこに増やしていける〝はめ込み式タイプ〟のものをつくったのです。

それがやがて、この商品に大成功をもたらす要因になりました。

＜2W1Hトライアングル＞

2W1Hというのは、Ｗｈｏ（どんな人を対象に）、Ｗｈａｔ（商品の何を、どんな部分を）、Ｈｏｗ（どのような方法）で売るのかという3点方式で考える方法です。

Ｗｈｏ――どんな人を対象に

最初にこの美容液のターゲットを絞りこみます。「子育てもある程度終わり」、「自分の身の回りに気がつくゆとりの出る」、「しかもお肌の変化が著しくなる」、「40代以上の女性」を対象にするといったように、売るお客様の生活シーンをできるだけ具体的に想像して、ターゲットになるだろう顧客を推定します。

What――商品の何を、どんな部分を

そして、「何をもってしてお客様に憶えられたいか?」ということを念頭に、商品の「何を、どんな部分」と、エッジの利いた部分を探して、目に見える形で表現します。

「エッジが効いている、エッジの効いた」とは、言い換えれば「先鋭的である」とか「とんがっている」にあたり、刃物の先のように流行の最先端を行き、ぎらぎら光る刃のように個性を際立て、鋭い刀のように周囲の人に衝撃を与える存在について、言い表した言葉です。

それをこの商品であぶり出したのが、「水の粒子」という部分だったのです。

どんな商品でも「エッジの利いている」部分はあるのですが、つくり手の人は当たり前

すぎて気づいていないのです。

Ｈｏｗ——どのような方法で

いざ販売するときに、ほとんどの人は、「商品を扱ってくれるならどこでもいい」というような考えで、しかもいきなり人材派遣会社に頼んで販売員を調達したりします。

このような考え方では、商品はブランドになるどころか、経費倒れですぐに市場からなくなってしまいます。

つくり手は「良い商品だから」と自信にあふれているのですが、「良い商品」ほど「売るということ」に手を入れてやらなければ、そのままの状態では売れることは決してないことを、多くのつくり手は市場から退出してはじめて経験するのです。そうなったら、もう後の祭りです。

私たちは、大手有名雑貨店の売れないお店で、「何をもってしてその商品を覚えてほしいか？」ということを念頭に、「エッジの効いた部分」を、私が説明して、先頭に立って、圧倒的差別化をしていったのです。

◆道具をつかう

「よろしかったら、試してみませんか?」

店頭で化粧品販売員が、お客様に〝声がけ〟する常套文句です。

しかし、そう〝声がけ〟をしたからといって、何人のお客様が試してくれるかといえば、1日に数名です。お試ししてくれる人数がそんな調子なので、買ってくれる人の数は、もっと少ないわけです。

そんな〝声がけ〟も、お客様に「結構よ!」と何人にも拒否されると、心臓に毛の生えているような販売員でないと、怖くてお客様には次第に近寄れなくなります。

〝声がけ〟しても、お客様に無視され続けると、根気が続かなくなります。だから、販売員の勇気と根性がポイントになるわけです。

〝声がけ〟が苦手という販売員がとても多いのです。これが嫌で辞めていく販売員も後を絶ちません。

やはりお客様が商品を買ってくれ、喜んでくれるからこそ販売を続けられるのです。

人は、自分に関心の無いものの商品チラシを渡されても、受けとりたくないものです。あたり前です、邪魔になるからです。じゃあ、邪魔にならなければいいのだと思って、私は〝手のひらサイズのチラシ〟を手渡します。

それもそこには、「○○の裏技」など、お客様が興味を引くようなタイトルを書いておきます。そして「ハイッ！」とだけ言って、渡す瞬間に微笑むと、人は「なに？」と思ってついつい手が出てくるのです。

タイトルを指でなぞるように、文字を読ませるようにして渡すと、一瞬足が止まります。その次にいきなり本題に入り、実験のように商品実演を目で見せると、人はそこから商品ワールドに没入していくのです。

お客様の意識が、「エッ、なに？」という状態から、「フムフム、なるほど！」、そして、「で、それで？」というように、商品ワールドに引き込まれていくのです。

そういった道具がきちんとできているかということですが、その美容液のときには、その商品が有名な生活雑誌に掲載されたときのキャッチコピー「効き目が目に見える化粧品」というのを活用して、〝手のひらサイズのチラシ〟にしたのです。

◆人は相対比較の中に価値を生み出す

お店の中で「同じようなあの商品とこの商品」を比較するから、「高い、安い」、そんな目安ができてくるのです。もし他に比較するものがなければ、高いか安いか分からなくなってしまうのです。

「相対比較の中から価値は生まれる」と私は販売員に常日頃言っています。

ですから、何と何を比較させるのかによって、その商品価値は全く違ったものになってきてしまうのです。

大手有名雑貨店の新宿店に、掃除で働く中国人の女性がいました。

1日に3回、フロアをモップがけにきます。ところがある秋の日、彼女が4回目のモップをかけにきました。

私はおかしいと思って、その女性に聞いたのです。

「ねえ、今日はいつもよりフロアにモップをかける回数多いよね」

するとその女性は、たどたどしい日本語で、

「床、黒いね。パチパチ、静電気、黒いの集まるね」と言います。

その一言で私はハッと気づいたのです。

静電気が起きるということは乾燥しているということです。乾燥しているそのときに、いつもの美容液をお客様の手の甲にたらして延ばすと、お客様は誰もが驚いた声を出し、「まあー、凄い。ぐんぐんお肌に入って行くわ！　しっとり！」と、言うのです。

そうです。乾燥しているから、手の甲に垂らした美容液は、いつもよりしっとり感を感じさせるのです。

驚いた声を出す女性の周りに、人がドンドン集まりだし、「ワー凄い！　ワー凄い！」という声が絶えず上がるものだから、お客様の切れる間が無くなり、１日で１４７００円の美容液は、その日１００本近くも売れたのです。

それが話題となり、マスコミも取り上げてくれ、商品は爆発的に売れていきました。

第6章

ヒット商品には法則がある

ヒットに成功した商品④

「傾斜のついた座布団」

◆大手有名雑貨店〝伝説の商品〟のはじまり

「わたし最近、こんな座布団を持ち歩いていて、こういう場所でも使うんです！」

『徹子の部屋』というテレビ番組で、あの黒柳徹子の前で対談を受けていた有名女優が、カバンから取り出してお尻に敷いたのが〝傾斜のついた座布団〟でした。

これには、私も驚きました。

私が大手有名雑貨店で売って、評判になりはじめていた座布団だったからです。

メーカーが商品の宣伝のために、その女優に頼んだのでは決してないのです。もし頼んだところで、番組の性格上取り上げてくれるはずもないのです。

その後その座布団、大手有名雑貨店で何十万枚と売れに売れて、2004年の朝日新聞や、日本経済新聞にも取り上げられました。

読者の中にも、もしかすると買って持っている人がいるかもしれません。

講演などでその商品を見せると、必ず数名は、「アッ、それ買いました！」という人がいるのには今さらながらに驚かされます。

その商品の名前を、大手有名雑貨店の年配の従業員に言うと、今でも、

「おおー懐かしいねー、売れたねー！　伝説の商品！」

と答えてくれるでしょう。

でも、こんな伝説の商品もはじまりは、だれも「いい！」と言ってくれるどころか、持ち込んだ先の大手有名雑貨店では、「いや、結構です！」と採用してくれなかったわけです。

「この商品を大手有名雑貨店で売ってほしいのですが……」

神戸にある靴の素材を扱う会社の部長が、私と待ち合わせた大阪は本町にあるコーヒー店のテーブルの上に、商品を紙袋から取り出して、ポンと置きました。

テーブルの上に置かれた、セロファンでパッケージされた商品を見て、私はこれがなんだかまったく分からなかった。

分からなかったというより、商品とは、とても思えなかったのです。

そして、値段を聞いてビックリ仰天！　部長の熱心に話し出す説明を聞いて、「骨盤を矯正する健康座布団」であるということがやっと分かったくらいでした。

私はその会社の部長に、大手有名雑貨店のバイヤーを紹介し、持ち込ませてみました。

持込み先のバイヤーの第一声は、

「これはうちでは扱えません！」というものでした。

その会社の部長はうなだれて、再び私の前に現れたのです。

「河瀬さん、なんとかしてもらえませんかね？　社長がなんとしても売りたいと言っていまして」懇願してきます。

◆「製品」と「商品」の違い

「なんとかしてもらえませんか？　と言われても、なんともできません！　なぜならこれは商品ではないからです！」と私は、キッパリ言いきりました。

「商品ではないとは、どういう意味ですか？」とその会社の部長が、やるかたない表情で聞いてきます。

「これは、〝製品〟なんです！　〝製品〟とは、つくったもので、お金に代わる前のものです。

いわば、つくった社長の自画自賛のものです。この〝製品〟が、お金に代わってはじめて
〝商品〟になると私は考えているのです。

ですから持ち込んだ先の有名雑貨専門店のバイヤーは、この〝製品〟はお金に代わる可能性が少ないとみて採用が見送られたのです。すなわち、これは〝商品〟ではないのです」と、私は部長に言ったのです。

それでもその部長は、「小売店に扱ってもらって売ってみないと、そのことは分からないではないですか?」と言うので、私が直接売るということで連絡して、その商品を大手雑貨専門店は心斎橋店の店頭に置かせてもらい、その部長自身に売ってもらいました。

その部長の売っている場所で、お客様の足は一向に止まる気配がありません。そこで、私がお客様の足を止めて、その商品の前まで連れて行き、商品説明をその部長にしてもらいました。すると次々とくるお客様は、だれもがハッキリ言いきりました。

「いらん、こんなモノ、分からん。それに、値段が高すぎる!」

◆コンセプトの追求

それでも部長は言い続けました。

「河瀬さん、何とかならないでしょうか?」

私は直接社長に会って、その商品をなぜつくったかの経緯を聞きました。

すると、その商品の本当の開発者がほかにいることが分かり、私は開発した女性を尋ねて富山県まで行ったのです。

開発者の思い、それを受けての製造者の思い、それらを聞かせてもらった上で商品ストーリーをつくり、パッケージを作り替えるのを条件に、私は売ることを決めたのです。

私は、商品とは、①開発者や社長の思いからできるコンセプト、それを、②物語というものに包み込んで、それを象徴してできるのが、③パッケージだと考えていたからです。

とくにコンセプトを形作る「思い」というのは、開発者や考案した人の内なる思いからできています。なのに、意外や意外、開発者や製造者の頭の中で漠然としていて、言葉に言い表されていない場合が多いのです。

そんな言葉にできないことをきちんとアウトプットできていないからこそ、商品の物語とパッケージとの間に一貫性がないのです。

一貫性がないものは、お客様には伝わっていきません。伝わらないものは、売れる道理がないのです。これが、私の商品に対する考え方です。

だから私は社長に直接会って、また開発者に会って、その商品コンセプトづくりからはじめました。

◆「ニーズ」と「ウオンツ」の変換器としての実演販売

骨盤矯正という健康雑貨で売っているうちに、２００1年頃から急速にパソコンが普及していって、パソコンに長時間座る人が増えました。

この〝傾斜のついた座布団〟は腰骨が伸びて腰に負担がかからないから良いのでは、という点から買っていく人が増えたのです。

「なんとなく腰が痛い、これを解決できるものがあるといいな」というような漠然としたものが「ニーズ」で、その〝傾斜のついた座布団〟に座って腰骨を立てると、「腰が楽じゃないか、これだよこれ！」ということに気がついて、それが〝傾斜のついた座布団〟の「ウオンツ」になったわけです。

当時、周囲に比較できる商品がなかったがために、それは貴重な付加価値となり、ある意味、メーカーの言い値で売れました。

そこで、この実演販売の気づきから商品コンセプトの方向性を〝骨盤矯正〟から、〝腰痛防止〟に変えていきました。

このことは、実演販売をしていなければ決して分からなかったことです。

◆メラビアンの法則

メラビアンの法則とは、矛盾したメッセージが発せられたときの人の受け止め方について、人の行動が他人にどのように影響を及ぼすかを判断する、アルバート・メラビアンが行った実験です。

ようするに、相手に対して、「怒った顔をしながら褒める」と、相手はそれからどんなメッセージを受けとるのかという実験です。

結果は、褒められたという気はせずに、怒られた気がするというものです。

この法則から導き出されたのが、「人は何によって説得されるのか」というものです。

それによると、人が説得されるのは、見た目や表情、仕草といった、視覚情報によるのが55パーセント、声の質や大きさ、口調といった聴覚情報によるのが38パーセント、残りは、話した内容、言葉の意味という言語情報によるもので、たったの7パーセントだというものです。

そうです。商品説明に大切な要素は、言語による説明ではないことを、私自身も数多の経験から実感しています。

ですから私は、その〝傾斜のついた座布団〟の商品説明をするときには、視覚情報を大

何によって相手に伝わるのか？

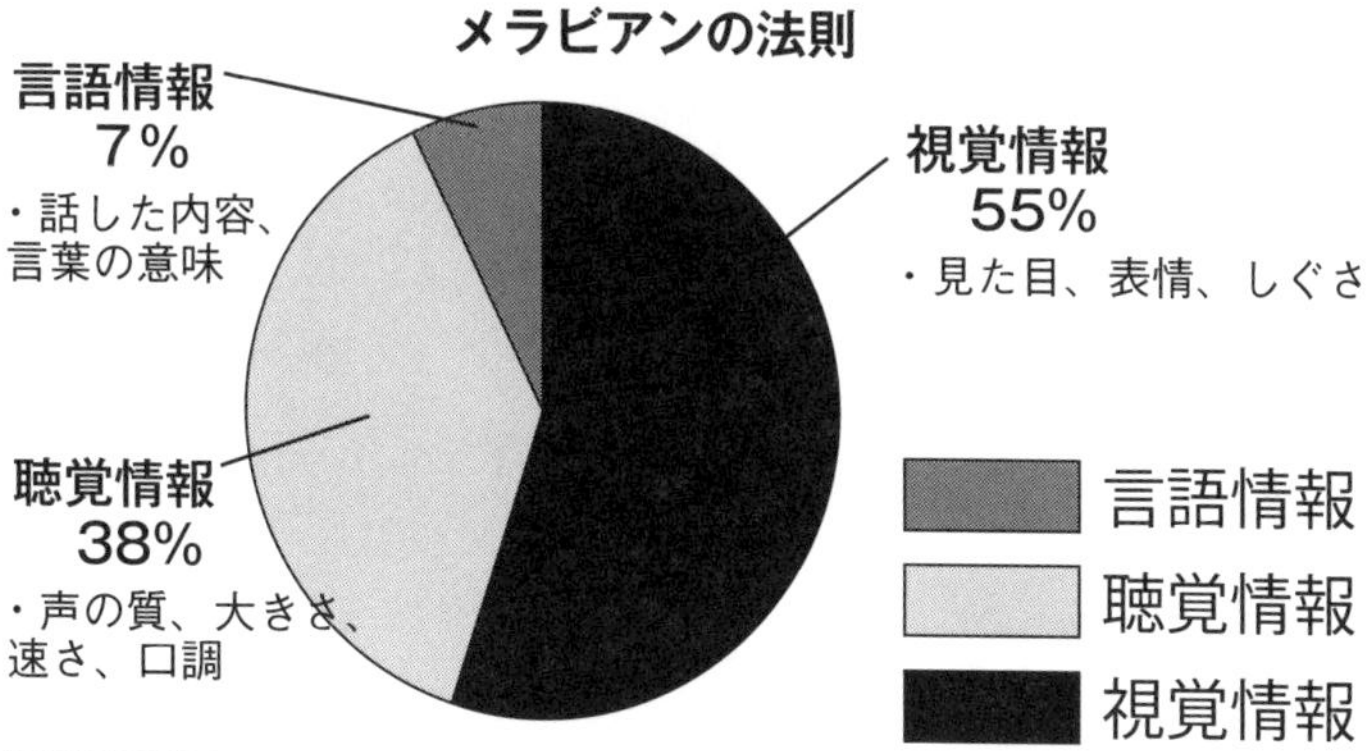

鉄則　お客様は、説明者の表情、しぐさに説得される！

切にするために、両手のひらを骨盤に見立てて組んで説明したのです。

骨盤は体重がかかるとどのように変化するのかを、組んだ手で表現してお客様に見せたのです。

そこから私の法則、〝カワセの法則〟というものが出来上がっていきました。

「人は、目で見えなければ信じられない」という法則です。

◆商品ジャンルの変更

ある程度売れるようになってから、私は商品のジャンルを健康雑貨というジャンルから、寝具雑貨というジャンルに移行させる作戦を立てました。

なぜならば、健康雑貨は、商品の新陳代謝が激しく、売場もその都度変わっていくからです。新しい商品が入るたびに、今日はこちらに、明日はあちらにといった具合に、売場が常に移動していくのです。

これでは後日に買おうと思ってきたお客様が、売場が分からずに帰ってしまいます。

そこで、商品の新陳代謝が健康雑貨に比べて遅い、寝具雑貨の売場に変えました。

そこで、座布団のカバーの色を変えて、数種類の座布団を売る計画です。

なぜならば、フェイスと言って商品が面陳している数が増えると、売上が上がることを私は健康雑貨にある歩数計のコーナーを見て知っていたのです。

1種類増えると20パーセントほど売上が上がるのです。

とにかく商品は目立たなくてはなりません。目立つためにも、ボリューム陳列をしたり、フェイスを増やしてお客様の目につく面積を広げることです。

しかし、そうしたくても、商品が売れなければ、どんな考えも小売店には聞き入れてはもらえないわけです。

ですから、私は、健康雑貨というジャンルで一点集中で売りまくり、「売れる」という評判を勝ち得たわけです。

それから、「こうすればさらに売れる」という提案をしたのです。それが、ジャンルの変更であり、フェイスの増加策です。

◆パブリシティの活用

「パブリシティとは、企業が有料で行う広告と異なり、情報のコントロール主体が媒体側となるため、一般的に公正かつ平等なニュース記事として消費者に対しての信頼度は高くなります。このため、効果的な広報活動を行うことが重要となります」

と、いうのが「パブリシティとは」のネット検索による回答です。

このパブリシティで一番大切なことは、「信頼度」というものですが、そのパブリシティを得るにはパブリシティとはの文中にもあるように、「効果的な広報活動を行うことが重要になります」ということです。

私はその〝効果的な広報活動〟の代わりが、〝大手有名雑貨店で販売活動を行うこと〟なのだと主張しているのです。

この〝傾斜のついた座布団〟も、大手有名雑貨店で売れるにしたがって評判が立つと、日本経済新聞や朝日新聞といったところから取材が入ったのです。

その記事は、パブリシティ、すなわち信頼度が高い記事なのでそれを読んだお客様が連日その記事を切り抜いて商品を求めてきました。

おかげさまで、その〝傾斜のついた座布団〟の会社の社員は大慌てです。出社するや、床一面に大手有名雑貨店からのＦＡＸ注文の紙が大量に届いていたのです。

たった2名からはじめた事業部が、いつの間にか30名近い大所帯になり、ついにはビルまで改装し、神戸の名物ビルに変身する瞬間です。

ヒットに成功した商品⑤「シルクの石けん」

◆独立販売員として

私は独立販売員として、実演販売というのを長くやってきました。しかし、実演販売のプロではありません。

私はかつて、大手総合商社の子会社の営業マンでしたが、派閥争いに巻き込まれ、正義感バリバリに、成り行き上、退職してしまいました。それでも営業成績の良かった私は、どこかでだれかが、私を認めてくれる人がいて転職も可能だと安易に考えていました。

しかし、辞めてから何十日たってもどこからも、だれからも、どんな呼びかけもありませんでした。

私はついに、大阪は梅田にあるハローワークに仕事を探しに出かけたのです。

そのハローワークで、職員の一言に大きなショックを受けました。

「あなたね、これだけの高収入で、あなたの年齢を考えると、それだけくれる職種なんかありません。まあ、3分の1だと考えた方がいいでしょうね。それが嫌なら、会社に出した辞表を撤回してもらうことです！」と言われて、現実の厳しさを知ったのでした。

私は営業成績抜群で、何度も社長賞をもらうほどに、会社切っての営業マンだという自負がありました。しかし、それは会社内の話であって、世間で通用する話ではないことに、そのとき気づかされたのです。

私は転職を重ねて、やがて独立販売員となりました。独立販売員としてどんな実績もなかった私がありついた仕事はと言えば、「売れないお店の、売れない場所で、売れない商品」を、時給800円で売るしかありませんでした。

時給が安いので、開店の午前10時から午後4時まで一つ、午後4時から閉店の午後9時までもう一つの仕事と、休みもなく掛け持ちで働いていました。

◆「売れないお店の、売れない場所で、売れない商品」を扱ったからこそ、「売れる理由」が見つかった

「お客様は、なぜ買ってくれないんだろう?」と、いつも階段の下のような売場で、お客様を見ていました。

時には、閉店後の店内で、トイレのゴミ箱の中に捨てられているチラシのタイプを分けたりしていました。

お客様と会話したときに、会話の距離があるのではないかと、その位置を床のタイルの大きさを計って、目検討をつけたりもしました。

お店の閉店後、従業員と一緒にレイアウト変更で、大きな棚をウンショウンショと運んでいました。そんなときを利用して什器の高さやら、横幅を計ったり、通路幅を計ったりしていました。

そんなことをしながら、1年が経ち2年が経ちました。

気がつくと、これまで売れなかった商品がどんどん売れていくようになりました。それと同時に、少しづつ時給が上がり、商品の持ち込みも増えてきたのでした。

しかし、相変わらずに売れそうにもない商品ばかりでした。

そんな売れそうにもない商品を、ヒットさせるために私は必死で研究を重ねたのです。

◆完売王として

売れそうにもない商品が、どんどんヒットしていくわけですから、次第に私の評判が高まり、お店に持ち込まれた商品を、お店の人たちからも頼まれるようになっていきました。

依頼も1社が2社、3社と増え、ついにはコンサルタント業となりました。コンサルタント業といっても、私が扱った商品を自ら売り歩く日々が続きました。

コンサルタントとしてより、実演販売員としての名前が高まり、やがて「完売王」と呼ばれるようになっていったのです。

商品がいったん売れ出してブランドになると、だまっていても売れていくようになります。それがだいたい3年です。

すなわち3年たつと、私はお払い箱になるのですが、年間10万個が売れるようになった石けん屋の社長が私に言いました。

「河瀬さんは、コンサル業でありながら自分で商品を売っちゃうところが凄い！　コンサル業なんて、言うだけで何の責任も持たないから、われわれの苦労は分かりはしない。もし、河瀬さんが自分で自分をコンサルしてモノづくりからはじめたら凄いよね！」

私は他社をコンサルしながら、目の前で商品が売れるようになることの凄さを見てきたので、この言葉にはハッとさせられたのです。

しかし、メーカーになるには資金が必要です。今は、たとえ自分で工場設備を持たなくても〝ＯＥＭ生産〟といって「自社の製品を製造する会社」に頼んで、最低資金で商品を創る方法があります。

しかし、一番肝心なことが私の中で抜けていました。

「いったい、何をつくればいいのか？」ということです。

◆思わぬアクシデント

長い間、自分自身、「何をつくるのか？」それが決まらなかったので、他人の商品にアドバイスを与え、自ら実演販売する以外に手はありませんでした。

いっそう、このまま実演販売業に集中しようとも思いましたが、出張先のホテルで大きなアクシデントが私を襲いました。

連日の実演販売に疲れきっていたのでしょう、風呂場で足を滑らせて複雑骨折してしまったのです。救急病院に担ぎ込まれたものの、あまりの複雑骨折に手術が必要となり、出張先の病院で長期入院しました。

独立の実演販売員ですから、店頭に立てなければクライアント先が減って、収入が目に見えて無くなっていきます。病院の天井を見つめながら不安でいっぱいの入院生活を過ごし、退院した後も数か月のリハビリの期間が必要な状態でした。

しばらく何もできなかった私は、無我夢中でこれまでの販売ノウハウについてまとめていました。何もしないと不安が襲ってくるので、今を忘れるために書かずにはいられなかったのです。

自宅の近くにあったマクドナルドに行き、１００円のお替りコーヒーで開店の7時から、閉店の11時まで、一定の席に居座り、持ち込んだパソコンでとにかく書いていました。

◆銀行融資を引き出す法

12月1日から書きはじめた原稿は、12月31日に完成しました。

書いた原稿をネットに投稿すると、出版社に配信され、出版社に採用されると本になるというサイトがありました。

しかし、いざ投稿するとなると、「もし、採用されなければこれまで私が積み重ねてきた販売ノウハウは、第三者に認められるものではないからだ。すると、販売ノウハウ自体に価値がないということになる」という不安でいっぱいになったのです。

するとそのサイトに投稿しようとする手が止まります。どうしても投稿できないまま、年を越してしまいました。

息抜きに、正月にやっていた映画『ジュリー&ジュリア』というメリル・ストリープ主演の映画を観に行きました。

2人の女性が、いまある困難から切り抜けた実話でした。

その映画を見て私は、「何もしなければ、何も変わらない」というメッセージを受けとった気がして、その夜思い切ってパソコンのマウスをクリックしたのでした。

それから数日したある夜、当時大阪に住んでいた私の元に、投稿先の編集者から一通のメールがきました。大手出版社からオファーがあったということでした。

それを皮切りに、次から次へと多くの出版社からもオファーがあるので、一度東京にきてもらい、一緒に出版社を回りませんかと言います。

私はメールをもらった夜は、たまたま東京に実演販売のために出張してきていたので、数日後には、そのままオファーのあった出版社を巡ることになりました。

そのとき私には一つのアイデアがすでに浮かんでいたのでした。

なんとしても、大手出版社に決めたかったのです。

なぜなら、私はこれまでの実演販売の請負の個人事業から会社組織にして、ホームページをつくり、商品をつくる算段をしていました。それには、６００万円くらいの資金が必要でしたが、手元には一銭もありませんでした。

ですから、銀行から融資してもらうことを考えたのですが、家などの担保もありません。新しくはじめる事業を友人に手伝ってもらうことにして、頭を下げて、その友人に保証人になってもらいました。

大手出版社から書くことが決まり、原稿がある程度できた段階でその大手出版社の封筒に分厚い原稿を入れ、銀行に持って行きました。

私の作った事業計画を見せ、融資の依頼をすると、当然のように担保を聞かれました。

銀行員「河瀬さん、担保になるようなものが何もないですね、融資の方は事業計画だけでは……」

そのとき、私は大手有名出版社の封筒に入った原稿を床に落としました。

すると、それを見た融資担当の銀行員は言いました。

銀行員「それは何ですか?」

私　「近々、私の本が出版されるので、その原稿です」

と言いながら、『また、売れちゃった!』というタイトルを見せたのです。

銀行員「いつ出版なんですか?」

私　「今年の夏です!」

銀行員「先生!　分かりましたご融資しましょう!」

そうです、印税分が担保になったのです。

◆商品の3分類

商品には、次の3種類があると私は考えています。

① 集客できる商品

②儲かる商品
③会社の価値を高める商品

①「集客できる商品」というのは、ハロウイン、バレンタインデー、クリスマスといった季節的イベントと関係のある商品だったり、テレビなどのマスコミに取り上げられる商品で、お客様に広く知ってもらえる商品です。

ですからその商品は、「そのとき限り」なのです。

②「儲かる商品」とは、粗利が極端に大きい商品です。何千円の原価の物が何十万円、時には何百万円にもなる商品です。たとえば「月の石」のように希少性があるものです。

そして多くの人に求められるか、人の欲望をあおる商品です。需要と供給のバランスによって、それは決められます。

③「会社の価値を高める商品」というのは、目立ちませんが、買ったお客様に喜ばれます。ですからリピートされやすく「会社の価値を高める商品」になり、ブランドになります。

値ごろ感もありますから、利益も「そこそこ」です。利益も「そこそこ」だと、目立った宣伝もできませんので急激に広まりません。それこそ、努力と根気が必要です。

何百、何千という商品を10年以上目の前で見てきた私は、商品には寿命があるということが分かっています。「現れては消え、現れては消え」、10年以上棚に存続する商品は本当に稀《まれ》です。

私のように一定の場所で、長いこと意識して商品を見続けない限り、商品の「生まれてから死ぬまでの」一生を見ることはないでしょう。

「集客できる商品」というのは、一つのところにとどまることができません。流行があるからです。パーッと出て、スーッと消えていきます。他人から見れば、そのときは華やかですが、消え去るのも早いのです。長くても3年でその寿命を終えていきます。

これを「売れる」と勘違いして、生産ラインを増やしたりすると企業にとっては、後々とんでもない事態になるのです。

人は一時的な出来事を、恒久的に続くと勘違いしてしまいます。良いことも、悪いこともです。このことを知らない企業がたくさんあって、コントロールできないと、市場からなくなってしまうわけです。

私は長い間、そんな企業の浮き沈みを、いやというほどこの目で見てきたのです。

「儲かる商品」は、その企業の生産努力にもよるのでしょうが、私にはちょっと疑問符がつくのです。

お店はガランとして集客もなく、ですからお客様が商品説明を聞いている風でもなく、いつも一人で暇そうにあっちブラブラ、こっちブラブラしている販売員を見かけることがあると思います。

売っているのは、粗利の高い商品だから、3日に一つ売れると御の字というような商品なのです。そのような商品を扱う会社で働く人々は、いつも出たり入ったりで、定着性が低いのです。その理由は、買ったお客様に返品される率も高く感謝されないからです。

そして、その商品原価を知ってしまった販売員は、お客様に後ろめたい気持ちになって、モチベーションが低くなり、結局は辞めてしまうのです。

売場に長く立って、他の販売員と親しくなると、そんな現状を吐露《とろ》されます。しかし、そんな商品は、買うお客様も気の毒だし、売る販売員も悲惨な結果になるのです。

◆「売れる」商品に大切なこと

あるとき講演で行った先の地方の首長から相談がありました。地元の商品が良い素材であるにもかかわらず、イマイチ売れる商品にならないということでした。

私の目の前には、ズラリとその素材を使った商品が、所狭しと並べられました。

私は、首長に言いました。

「ビックリ感がないのですよ！」

「ビックリ感って何ですか？」と首長がいうので、私は続けて首長に言いました。

「テーブルに置かれているスプーンを見たら何と思いますか？」

「スプーンです！」

「私が、それを顔に当てて『美顔器です！』と言ったらどう思われます？」

「エッ、ウッソー、何それ？　と思います」

「そうです、それが〝ビックリ感〟です。すると人はそれに興味を持つのです」

「では、この素材からそのビックリ感を出すとしたら何ですか？」

「たとえば、『石けん』です！」

「『石けん？』」、なるほど、それはビックリしますね、この素材から石けんはビックリします！　ところで、それをつくる人を探さねばなりませんね？」

「つくるところはあるので、この素材の商標権を私にください！」

ということで私は石けんをつくることにしたのです。

なぜ、石けんが私の頭にひらめいたのかと言えば、かつてコンサルしていた先にアドバイスして石けんをつくり、成功していた経験があったからです。

長年意識的に店頭でお客様といろいろな会話を交わしていると、どんな石けんがお望みなのかが分かって、価格設定まで私がした経験があったのです。

◆ヒット商品とは？

私は、コンサル事業からはじめて、実演販売員となりました。今度は自分で商品をつくって売れるようにして会社の価値を高めて、銀行から借りたお金をもとに問屋業をはじめようと思い立ったのです。

大手雑貨店には、これまでの実績が認められて単独に口座を持って遊ばせていたのです。その口座を通して、自分の商品を自分で売り、評判を高めてブランドにし、その評判で集まってきた多くの会社の商品を、ヒット商品に変えてしまおうと考えました。

私の〝石けん〟は次第に評判となり、それを聞きつけた人々が集まり、そこからどんどんヒット商品を輩出しました。

では、そもそも「ヒット商品」って何なのでしょうか？　ヒット商品には、私は次の3

種類があると考えています。

①小ヒット
②中ヒット
③大ヒット

①「小ヒット」とは、特定の店舗のカテゴリーの中で、一番売れる商品です。
②「中ヒット」とは、特定の店舗の中で一番売れる商品です。
③「大ヒット」とは、特定の店舗を越えていろんな店舗で一番売れる商品です。
「大ヒット」になるには、いろいろな条件がありますし、営業や宣伝などのお金もそれなりにかかりますが、「中ヒット」でしたら、それほどお金が無くても、その人間の努力次第でつくれます。

ですから、私自身は「中ヒット」を狙いますし、他の会社の社長にも勧めます。
「大ヒット」にすると、いろいろなところに無理をしなければならず、その無理が100パーセント成功するとは限らない。そして無理がたたってどこかにひずみを生じやすいからです。

ですから、ある程度体力的に余裕がないと、そのリスクを吸収できない場合が多々あるのです。

◆かくしてシルクの石けんは、「中ヒット」になった！

私は、寒風吹きすさぶ年末も、正月も、真夏に人々が夏休みをとっているときも、ただひたすらに、朝から晩まで石けんを売りに、全国にある大手雑貨店を回っていました。

私は銀行から借りたお金を、石けんをつくるお金や、ホームページをつくるお金、販促に使うチラシなどの道具にお金をかけましたから、残る資産は自分自身しかないわけです。

私は商品がブランドになる過程を、たっぷりと見てきているので、リアルな店舗とマンパワーの力の相乗効果がどれほどすごいか経験していました。

私の友人もネット通販で２００７年頃までは大成功しましたが、今はあまり力を入れていません。それよりも、儲けたお金で銀座にリアル店舗を経営し、ネットと融合させて独自の商品展開で大成功しています。

ネットは必要不可欠なツールなのですが、それだけで商売をするとなると、足腰が弱いのです。それは、店舗を開こうとする人が安易なツールとして使おうとするからです。

やはり、それなりにお金をかけて、時間もかけないと、簡単にはいかないのです。

私もネット通販に相当なお金をかけてやろうとしましたが、まだまだリアルな店舗とマンパワーには勝てないので、販売ツールとして使っています。

石けんを売り出して3年が経過して、やっとお客様がリピートをはじめ、そんなお客様に店舗で会うたびに、「いっやー、とてもいい商品だわ、感動したわよ。いつも、こればっかりよ！　おじさん、本当にありがとう！」とお礼を言われる数が次第に増えています。

それがエネルギーとなって、夏の暑さや冬の寒さに耐えて販売を継続していくことができるのです。

やはり商品が人の記憶に残るには、ある一定の数のお客様に訴求しなくてはリピートがはじまらないのだということを、その石けんは改めて私に教えてくれたのです。

リピートがはじまってくると、ブランドになってくるわけです。ブランドになった商品は、そう簡単に他の商品にスイッチされません。ですから、売り上げもそれほど落ちないのです。そして足腰の強い商品になっていくのです。

第7章

なぜこの商品は失敗したのか？

ヒットに失敗した商品①
「ダイエット健康食品」

◆大失敗した商品？

「わたし失敗しませんから！」

これは、米倉涼子主演の大人気TV番組『ドクターX』の主人公、大門未知子の台詞です。

私が講演などでよく聞かれる質問に、「これまでに失敗した商品は何ですか？」というのがあります。

答えは、大門未知子と同じように、「わたし失敗しませんから！」と答えたいところですが、実は恥ずかしながら失敗した商品もあるのです。

このことは、私にとって手痛い教訓になりました。

いまから17年も前、あるダイエット健康食品を手がけたときのことです。

それはやがて、日本中を席巻する大ヒット商品になったのです。

大ヒット商品になって、大失敗？

どういうことでしょうか？

では、その商品の大失敗物語をお話しします。

◆お客様からの一本の電話

「おたくに×××という商品は、扱っとらへん？」

ある男性のお客様から、私の友人の会社に一本の電話がかかってきました。

私の友人の会社は、その当時、建設会社から健康商品を扱う会社に業態転換をしたばかりでした。

本来の仕事である建設業で、餃子屋さんの床の掃除の仕事を受注したとき、それに使った洗剤が元で、その洗剤を一般消費者に売りはじめました。

当時は誰もがインターネットをはじめる前で、友人は見よう見まねでホームページを立ち上げ販売サイトをつくりました。

次第に取扱商品が増えはじめ、ちょっとしたご縁で、大手雑貨専門店とお付き合いをはじめ健康商品に特化していったのです。

その会社から実演販売を頼まれていた私は、「あちらの店にあの商品で実演販売、こちらの店にこの商品で実演販売」と忙しく動いていました。

いろいろな商品が、それなりにヒットしていきましたが、そんなとき、その会社の社長から私に相談が持ちかけられました。

「こんなダイエット商品があるんやけど、大手雑貨専門店が実演してくれ言ってるんや。どないして実演したらいい？」

それまではどちらかと言うと、実演販売のしやすい商品でしたが、効果の目に見えないダイエット健康商品の実演なんてはじめてのことでした。

お客様からの「おたくに×××というダイエット商品は扱っとらへん？」という一本の電話をとった常務が、「すんません、そのパッケージの裏側に会社名とか入ってませんか？」と聞き直したのです。

一つでも取扱商品を増やして、一刻も早く利益を増やしたかったのでしょう。その会社から商品を取り寄せて、電話をかけてきたお客様に売ろうと思ったわけです。

その後、電話を受けた常務は、商品のつくり手であるメーカーさんに電話して、大手雑貨店にその商品を卸す商売ができないかを聞きました。

それから話は、とんとん拍子に進んで、大手雑貨専門店に卸すことになって、私が実演を頼まれたのです。

◆ダイエット商品の実演販売

メーカーに実演販売の話をすると、メーカーではその商品を、ビーカーに水と油を入れて分離させ、その状態にダイエット商品を混ぜて、ガラス棒でかき混ぜて水と油を混合させ固めるという方法をレクチャーしたのでした。

ただし、それを見てくれるお客様がいればいいのですが、さすがに忙しい売場では、足を止めるお客様はいないので、それに準ずる何か良い方法はないかと私は模索したのです。

私は、水と油の入ったビーカーをジャバラのあるペットボトルに替えて、それを振って水と油を混ぜて固めるという実演を考えました。

要するに実験室のような実演から、お腹の中の腸をイメージさせやすいように、ジャバラのペットボトルで実演したのです。

それがお客様に受けて、ドンドン商品が売れるようになりました。

1箱30包入って８８００円のその商品は、１店舗で１日に50箱以上も売れました。

ところが1年たったある日、私は不思議なことに気づきはじめたのです。

太っているお客様が、太っているお客様を連れて買いにきてくれるのですが、半年たっても、1年たっても体形はそのままで、改善されている兆しがないのです。

そこで私は、不思議に思い、その商品を知り合いの人に頼んで、公的機関に成分分析に出したのです。

な、なんと。その箱に書かれている効果ある成分は、ごくわずかで、その原価たるや、信じられないほどの安価だったのです。そこで私は、その事実を友人の会社に話し、私は売ることから身を引いたのです。

◆売れに売れてヒット商品になったものの

小売店で、本当の商品原価を知る人はほとんどいません。小売店にとっては、仕入れ値が商品原価だからです。

メーカーは、CMを打ったり、何かの宣伝広告をしたりするので、その分が原価に組み込まれるため、純然たる素材自体の原価というのは低く抑えられます。

原価数千円の物が、10万円近くで売られていることもざらです。

それぞれの会社の販売策にもよりますが、製品の原価は低く抑えて、販売に要する費用を大きくとるか、製品の原価を高くして、販売に要する費用を低く抑えるか、それぞれの会社の思惑によります。利益に対する考え方は、それぞれの会社で違うわけです。

私の扱ったその商品の原価は、数百円だったわけですが、それが1万円近くで値付けされていました。大手専門雑貨店への卸率を引いても、十分すぎるくらいに粗利はとれたわけです。

私は、その低い粗利を知ってからとても複雑な気持ちになりました。それでも、クレーム一つなく、それがどんどん売れていく事実に私は愕然《がくぜん》としました。

その商品のキャッチコピーは、お客様の琴線《きんせん》にふれるものでした。

しかし私は、何か後ろめたい気持ちになって、その商品から身を引いたのです。

その商品は、私が身を引いた後も、売れに売れ続け、ついにはテレビＣＭにまでなって、さらに売れて、海外まで進出してしまったのです。

私はそれを扱っている大手雑貨専門店にも、帳合先である友人の会社にも、私がその商品から身を引く理由を言いましたが、商品自体は薬事法違反でもなければ、なんでもないわけです。法律には一切ふれてはいないのです。

それ以上、私が話すと私自身が流言飛語《りゅうげんひご》を放っているようにとらえられるので、止めてしまいました。

もちろん友人の会社も商品が売れ、粗利が大きいのでドンドン大きくなっていきました。その商品について取り扱うのを止めるように私がしつこく友人に言うもので、そこでその友人とは縁が切れてしまいました。

◆売れないモノの6分類

私はそれ以来、商品に対する考え方がすっかり変わってしまいました。物体としてのモノだけを見るのではなく、つくり手や、扱う人の人柄や、考え方を重視するようになっていったのです。

「商品は、いきなりこの世に登場してきたわけではありません。その会社の社長の考え方に、いろんな人が引き寄せられ、それが元で素材が集まり、連綿《れんめん》とした社長の思想の上に商品が現れるのです」と私は、講演でお話しします。

この場合は、私は商品を、6つに分けます。
①イロモノ、②ニセモノ、③ゲテモノ、④ホンモノ、⑤キワモノ、⑥ニタモノという6つです。

①イロモノとは、かわいくて、値段も手ごろの千円前後で、手にとりやすくて、ＰＯＰ一つで売れていくような商品です。または、テレビで有名人が取り上げたような「集客できる商品」です。粗利自体はソコソコですが、広く売れるとメチャ儲かる商品です。

②ニセモノとは、法律に違反しているか、効果効能はないにもかかわらず、ＪＡＲＯ（日本広告審査機構）に訴えられるほどに誇大広告であったり、嘘の情報を堂々と流す、まさに偽物なのです。しかし、この偽物が結構横行しているのです。

「ガンに効く水」とか「3日間で10kg痩せるサプリメント」とか、明らかに詐欺的な商品なのです。何億円、何十億円と稼いで、最後は警察に捕まっている例が結構あります。しかし、捕まっても捕まっても、業者の数が減ることはありません。

ただのような原価で、ほとんどが粗利益ですから、警察に捕まらなければ儲かって笑いが止まらないのです。

③ゲテモノとは、高齢者や何かに悩んでいる人を中心に、一般消費者がついつい手を出しやすい商品をあの手この手で説得し売ります。売ってしまえば「後は野となれ山となれ」式のコミッション型の販売員は笑いが止まらないわけです。売値も高いが粗利率も高いか

ら、3日に1つ売れると御の字です。

お客様がその商品を買って帰って家で使ってみると、お店で試したのと違ってそれ程でもないと感じる商品です。売れている気配もないのに、いつも実演をやっているのは、そういう商品だと疑ってかかった方がいいのです。

④ホンモノとは、まさにこれほど売れない商品はありません。つくり手が「本物ならば売れる！」という幻想を抱いているので、品質自体はいいのですが、売れることがありません。

売るとは、まずは商品がお客様に知られなければなりませんが、経営者は「いいモノは必ず世の中の目に留まる」と勘違いをしているので、商品を知らしめる努力を怠ります。だから、売れないのです。

粗利も良心的をとっ越して、「安ければ売れる」という幻想があるので、安い。だから、儲かりません。儲からないから誰も扱いたがりません。すると物流にも乗りにくいのです。いわゆる、経営が下手なのです。

⑤キワモノとは、これは「商品の尖っている部分」、「極めつけ」といった部分を突出させたもので、他の商品では手に入れられない希少性があるので粗利も高くとれるのです。

いのです。

この突出した特徴の見せ方が下手だと、せっかくの極めつけの商品にもかかわらず売れな

⑥ニタモノ、これもホンモノ同様、売れないのです。なぜならば、たくさんの似たような商品があるから差別化が出来ず、価格競争になってしまうからです。

ですから、価格が高ければ売れない、価格が安ければ儲からないという間を堂々巡りする商品です。儲からない路線をまっしぐらなのです。

世の中のお店には、この手の類の商品で棚が埋まっているのです。私が扱ったダイエット健康食品は、②の嘘の情報を堂々と語る商品だったのです。

私は、これに嫌気が差して辞めたのですが、辞めたくても辞められない販売員がいっぱいいるのです。なぜならば、その商品だけで飯を食っているからです。

そんな販売員たちから相談を受けることがあります。

「こんなバカ高い商品を、半ば強引なやり方で売る。売れるには売れるが、お客様に感謝されない。中には返品してくる人もいて、つくづくこの商売が嫌になったが、食べるために辞められない」というような相談です。

そうした販売員たちは、いったん辞めても、そのような商品を扱う会社を転々とするの

です。

経営者側は、販売員には決して本当の原価は教えないものです。しかし、長年一つだけの商品を売っていると、次第にその原価がいろいろなところから漏れ聞こえたりして分かってしまうのです。販売員がその商品にいったん疑義を持つようになると、モチベーションが下がり売れなくなります。

さて、「適正な利益」とは、いったいどういうことを言うのでしょうか？

この解釈をきちんとしていないと、キワモノといった商品がゲテモノやニセモノになってしまうのです。

私は、「適正な利益」ではなく、「正しい利益」だと思っています。

「適正な利益」だと他社と比較してどうかということになります。大きな会社の適正利益と、小さな会社の適正利益とでは違ってくるのです。同じ商品を3万個生産できるのと、3千個しか生産できないのとでは、原価が違うからです。「適正な利益」は、相対比較の中で決められます。

私の言う「正しい利益」とは、それぞれの会社独自のもので、利益をいただく本人が恥ずかしくなく、他人にとうとうと述べられる利益だと私は思っているのです。

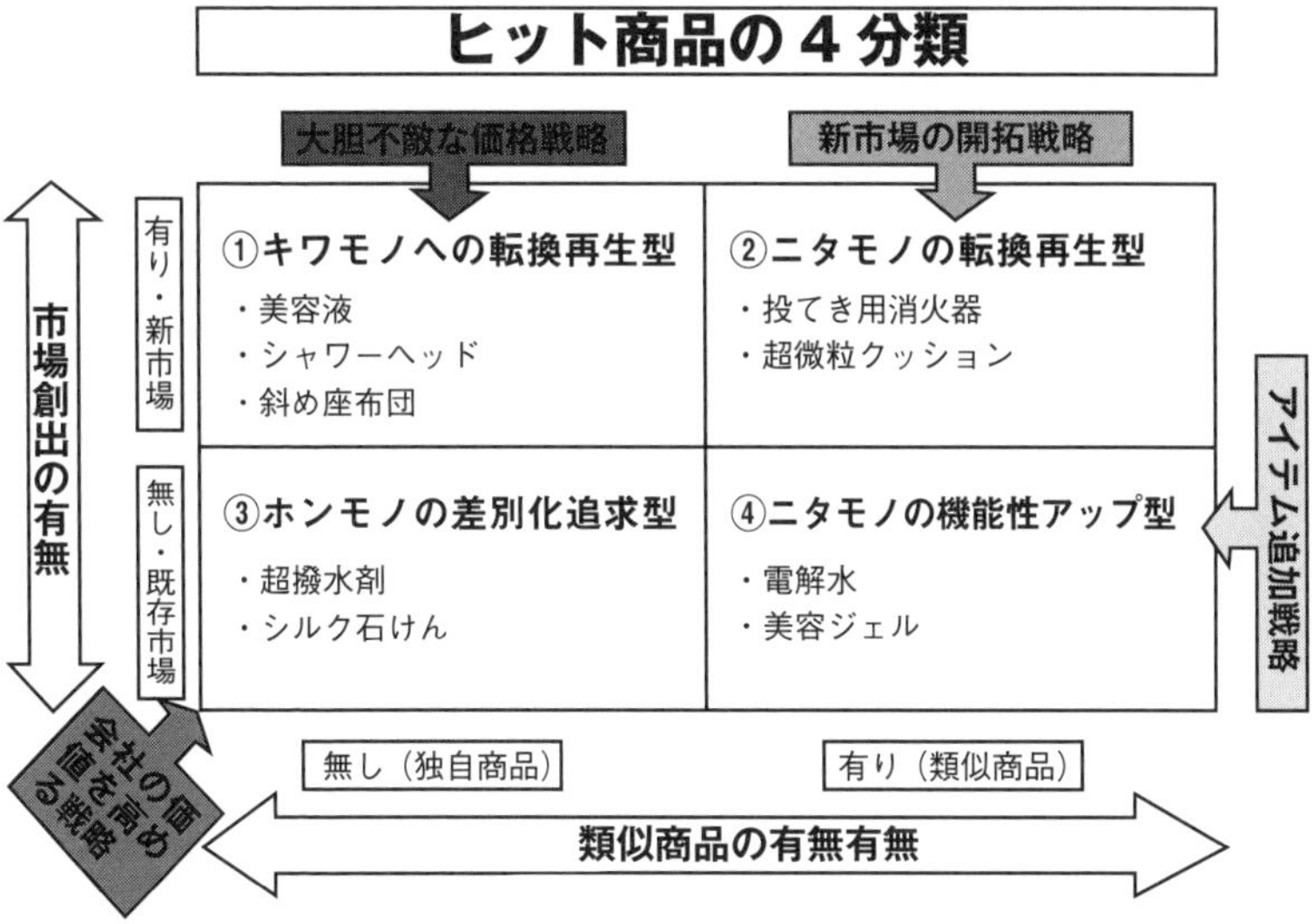

◆ニセモノかキワモノか

その「正しい利益」に従業員が少しでも疑義を抱くと、商品はニセモノかキワモノかの区別がつかなくなるのです。

もちろん前述していたダイエット食品も、私が疑義を抱いたため、私の中ではニセモノになってしまったのですが、経営者にとっては、キワモノだったのかもしれません。

しかし、私がその商品を売るのをやめてから5年後、突然テレビに大写しになっているそのダイエット食品の経営者がいました。

その経営者は脱税容疑で逮捕されたのでした。儲けを隠していたわけです。

他人には言えない利益、すなわち、利益は正しくなかったわけです。したがって、この商品は、偽物だったと言わざるを得ないのです。

それからの私は、自分の納得しない商品は売らないことに決めたのです。

ヒットに失敗した商品②「超微粒子のクッション」

◆売れに売れて大人気

「河瀬さん、超微細なビーズを使った商品があるんやけども、一度そのメーカーさんに寄って見てくれへん？　よかったら、当店から一番先に売り出したいんや」とは、大手有名雑貨店のバイヤーからの依頼でした。

その商品は、超微細なビーズでつくった大きな円錐《えんすい》形のクッションでした。

お客様へのアプローチをこれまで説明してきたような工夫で座らせると、お客様は「買う！」ということを直感した私は、大手有名雑貨店の広島にあるお店から売り出しました。

すると、１４０００円もするその商品が、私の直観通りドンドン売れはじめたのです。

私の実演方法で、メーカーの社員と私とで手分けして実演販売したところ、売れに売れて、大手有名雑貨店の記録的な売り上げを叩き出しました。

メーカーさんの社長は、大手生命保険会社を脱サラした人物だったのですが、売れるに任せて、次第に贅沢三昧の生活がはじまっていきました。

その社長が出張した時には、高級ホテルを利用し、時には数十万円のスイートルームに泊まり、毎晩のように高級キャバレーや銀座のクラブに繰り出すようになっていきました。

◆拡大路線のワナ

店舗数に限りのあった大手有名雑貨店だけでなく、大手のスーパー、ホームセンター、通販番組と、事業の拡大路線をその社長はとって行くようになりました。

商品自体が売れて儲かるから、「もっと、もっと」と欲が出たのでしょう。社員もどこからスカウトしてくるのか、どんどん増えていくのです。

しかし、それだけ拡大すると費用もかさむので、莫大な資金が必要になります。それを、その社長は、友人から借りたのです。借りたというより、その社長の話によると、「借りてくれ」と懇願されたということなのです。

社長の着るものも次第に派手になり、黒の高級革ジャンのようなものを羽織り、車も高級車に切り替わっていきました。

あるとき、その社長に高級クラブで接待を受けた私は、「明日実演があるから、もう帰らせて」と言うと、タクシーを手配してくれ、タクシーチケットを渡してくれました。私の宿泊しているホテルまでは、1万円以上かかるのにです。

事業は急速に拡大し、地道に売っていた私などとは次第に距離ができ、私がその社長の姿を見るようになったのは、ある通販番組に出ている姿でした。

やがて私は、その商品の販売から完全に遠ざかっていったのです。

◆売れに売れて、倒産！

その商品の販売から離れて3年ほどたったある日の深夜、一本の留守番電話が私の携帯に入っていたのです。

なんと、そのビーズクッションの事業をやっていた会社の社長でした。

「いつもお世話になっています。○○です。ご無沙汰してます。お手すきのときで構わないので、お電話いただけますでしょうか、ご相談したいことがあるのです」という内容でした。

翌日その社長に電話をしたら、泣きそうな声で言うのです。

「会社が倒産します！」

「ウッソー、だって商品売れてるんじゃないの？」

「売れています」

「ナンデそれで倒産するの？」

「友人から以前お金を借りたんです。突然、お金を返せというのです。期日までにお金を返さなければ、会社をよこせと言うのです」

「お金を返せばいいじゃないですか」

「それが契約書をよく読んでいなくて、返す期日を私忘れていたんです。それが急で、それまでにお金が用意できないのです」

「はあー？」

「それで、会社を渡すよりは倒産させようかと思って、そうなるとせっかく河瀬さんのおかげで売れるようになったのに。大手有名雑貨店、なんて言うでしょうかね？」

「そりゃ、困るって言うでしょうね、あれだけ売れている商品が無くなってしまうんですから」

「どうすればいいでしょうか？　とにかく私はしばらく地下に潜ります」

「地下に潜るって、なにそれ？」

とにかく、何を言っているのやら、ちんぷんかんぷんの私は、その社長の身勝手さに怒りを覚えたのです。

「あなた、社員はどうするの？」

「いや、分かりません。自分でなんとかするでしょう……」

「地下に潜るって、どういう意味？」

「事業以外にも借金があるんです。いずれ表に出てきたときには、電話させてもらいます」

「ハア～？」

そんな会話がしばらく続いたのですが、結局その会社は倒産、事業は、社員が立ち上げた会社で引き継ぐこととなったのです。

しかしそうなると、商品は今までとは同じペースで売れてはいかなくなります。徐々に売れ行きが縮小していきました。

◆商品は社長の思想の表現物

その騒動から3年して、再びその社長から私の携帯に電話がかかってきたのです。

「ご無沙汰しております。新しいスポンサーがつき、工場も確保して、新しいビーズクッションの会社を立ち上げることになりましたので力になってもらえませんか?」と。

「また大手有名雑貨店から売りたいのです。もう、あのときの轍は踏まないようにします」

と社長。

「だって、あなた、あなたの元の会社の商品とバッティングするんじゃないの?」

「ああ、あれはあれ、これはこれ、社員だったあいつに会社をうまく譲ったので、それなりに納得してくれるでしょう。私は、河瀬さんの手法はバッチリだって、あのときつくづく認識しました。あれだけ大きくなったんですよ。また、今度もよろしくお願いします。商品はあのとき以上の品質です!」

私は、商品というのは、モノそのものではなく、社長の思想の表れだと思っています。その思想に共鳴した人々との人間関係ができ、その人間関係の人々が、「あれがいい、これがいい」と素材を提案する。

ですから、「儲けたい」と思うだけの人には、周囲にそんな考えの人々が集まってきて、安い素材で高い定価をつける商売を勧められるわけです。

結局この社長も、そんな儲けにしか関心の無い人々が集まってきて失敗したにもかかわらず、また同じタイプの人々を引き寄せているわけです。

私はにべもなく、この社長の提案は断りました。

ヒットに失敗した商品③
「沖縄の泥パック」

◆届かない商品

「商品がまだ届かないけどいつ発送したの？」

メーカーさんに電話を入れること、すでに10回以上。

「今送ります、今送ります」と、年末のソバ屋の出前のように、「今出ます、今出ます」の電話のごとくに答えるのです。

催促している商品は、沖縄の泥でつくった顔パックでした。値段は、1つ1000円でしたが、デパートの催事場で、24個入りの段ボールの箱が次々空いて、100箱すべてが空になったのです。

なのに結局、催事期間中に商品は届かずじまいでした。大手有名雑貨店のその商品の在庫が切れそうになって早めに発注しても、いつまでも商品が届かないのです。棚からは商品がどんどんなくなります。

商品の代わりに沖縄から社長がやってきました。

商品が売れに売れて、製造が間に合わないということを言いにやってきたのです。

「で、いつになったら商品が出来上がるの？」と聞いたら、「間もなく」ということなのですが、では、その間もなくとは、いつになるのかと聞いたら、結局は未定ということなのです。

◆ただほど高いものはない

沖縄のサトウキビ畑の地中深くには、長い年月にわたって堆積した泥が眠っています。いろいろな海の生物のミネラル分が多く、これが、お肌にとても良いのです。

他人の畑からタダ同然の安い費用でその土を掘り起こし、加工して商品化に成功したのがその社長でした。

畑の持ち主は、広い畑のほんの一部分の土地から掘り起こされ、そこから土を持って行かれることに、多少なりとも費用を払ってもらっていたので何の不満もありませんでした。その土地の所有者は、サトウキビには興味はあっても、土には何の興味もなかったのです。ですから、その土地から土を掘り起こすことに、掘り出させる方も、掘り出す方も、なんの契約も交わさずに、これまで通りの友達の関係で、ほとんど自由に掘り起こしていたのです。

その商品は、やがてどんどん売れるようになり、土を掘り出す側の社長が「儲かっている」という情報が地主の耳に入りました。

人は、商品が売れないうちは別段どんな興味も湧きませんが、売れて儲かってくると、興味が湧いていろいろな知恵が出てくるものです。

そこに「売れてる」という話を聞いたライバル社が現れて、その土地を高値で買いました。もちろんそこには権利関係が発生するので、社長は、これまでのように掘り出すわけにはいかなくなったわけです。

そうした理由があって、商品がつくれないということになったのです。

社長は、土を掘り起こすための新しいサトウキビ畑を求めていて、商品の生産が一時ストップしていると言うのです。

社長はそういった状況を弁明しに、沖縄から横浜にいた私たちの前に現れたのでした。

◆類は友を呼ぶ

似たような人のところには、似たような人が集まります。

泥パックをつくっていた社長は、できるだけただのような値段で商品をつくり、できるだけ高い値段で売るわけです。儲けをもくろむからです。

商人ですから、儲けをもくろむことは悪いことではありませんが、もくろむ手段を間違えるととんでもないことになるわけです。

結果主義が往来していますが、結果にいたるプロセスが大事だと私は思っています。

たまたま最初に結果がいい結果だと、いつの間にか、そこに至るプロセスが分からなくなってしまうのです。

「良い結果は、良いプロセスから生まれる」という考え方抜きの人は、ビギナーズラックで味をしめると、考え方の悪い癖が抜けなくなるわけです。

そんな考え方の悪い癖の人の周りには、やはり考え方の悪い癖の人たちが集まるのです。

「類は友を呼ぶ」ということです。

すると商売の本流から外れた、テクニックばかりに走ることになります。テクニックは、良い考えの上にその本領を発揮するわけですが、テクニックが優れていると、プロセスを経ずに良い結果をもたらします。

なので私は仕事を受けるときは、私の考え方を知ってもらった上で仕事を請けるようにしています。私の著作物を読んだとか、講演を聞いたとか、私の考え方を知った上できた人の商品を扱うようにしています。「すぐに結果を出してくれ」という人の仕事は請けないのです。

◆「ヒット商品」は怖い

いったん「ヒット商品」が出ると、これまで会社に抱えていたどんな問題も解決してしまうのです。昨日まで悩んでいたことが嘘のように解消してしまいます。

しかし、「ヒット商品」は、新たな火種も生むのです。

儲けをめぐって、共同経営者が対立してしまい、けんか別れの結果、そこから事業が衰退したり、あまりに一つの商品がヒットするので、経営者に危機意識がなくなって、ヒットを生み出したアイデアの源泉を失ったり、儲けの配分を巡り、発明者と開発者が対立し、商品自体が消滅したりします。

また社内が過剰な競争関係になり誹謗中傷合戦になり、陰に隠れて見えなかった有能な社員が辞めたりなど、とにかく人間の欲をめぐって、いろいろな火種が生まれるのです。

ですから、経営者は、経営力を鍛えておかないと、みるみるうちに事業は衰退していってしまいます。

経営力を鍛えるには、やはり売れない苦労の期間と、その間の試行錯誤がとても大切なのです。

間違った道に入らないためにも、経営者に哲学があるかどうかがとても大切なことなのです。

おわりに　～商品が無ければ伝えられないこと～

最近は、アメリカ、イギリス、フランス、ドイツ、インドネシア、シンガポール、タイ、中国、韓国、ドバイ……と数えてもきりがないくらいの国々からお客様が訪れて、とても楽しく談笑して、商品を買って行かれます。

私は店頭にいるだけで、全世界のことが肌身で分かるようにさえなっています。

ところで数年前のことです。平日の大手有名雑貨店は新宿店の開店直後に、脳性麻痺で四肢の動かせない少女が二人、施設の先生たちに付き添われ、車付きの大きなベッドに寝た切りのままエレベーターから降りてきました。

買い物客は、まだほとんどいない時間を見計らって、先生たちがガラガラとベッドを押して店内をゆっくり横切っていくのです。先生は、商品を子どもたちに見せたかったのでしょうが、店内で大きなベッドを押して歩くのは、他のお客さんに悪いと思ったのでしょう、広い通路を横切るだけでした。

先生は、「ミサちゃん、ほら、いっぱいあるね……楽しいね」と、寝たきりで表情のほとんどない少女に話しかけています。

しかし、ベッドの上の中学生くらいの少女二人は、ただ「アー、ウー」としか答えられません。

私は、この少女たちに、お買い物の楽しさを伝えようと思い、普段通りに石けんで手を洗う実演をしました。

「お嬢様、お手をどうぞ」とベッドの上の女の子に微笑むと、先生は、

「ミサちゃん、おじさんが手を洗ってくれるんだって、やってみる?」

と大きな車いすベッドを私の前に停めました。

少女は、かすかにしか動かない手をベッドの中から伸ばそうとします。先生は、その子の手を布団の中から引っ張り出して、両手で支えました。

「じゃーん、では手を洗うね、この石けんはお肌がすべすべになるよー」

私は、いつものように商品の説明をして、最後に白いタオルで手を拭いてあげると、付き添いの先生が、

「どーれ、ミサちゃん、まあ綺麗になったわね。アッ、すべすべだー！どうもありがとうございました」

と言って、私の前を立ち去ろうとすると、その少女が、

「アーッ、アーッ」としきりに声を出したのです。

先生が、

「エッ、何？　ミサちゃん、なになに？」と言って、その少女の枕元に耳を寄せます。

「エッ、欲しい？　欲しいの？　石けん？　ちょっと待ってね、買えるかな？　５９１円だよ」

と言うと、

「ウーッ、ウーッ」と、少女は、先生に目で何かを訴えています。

「ミサちゃん、買えるね、ミサちゃんのお小遣いで買えるね、買うの？」

と先生はベッドの下から黄色のかわいいお財布を出しました。

私が一緒にレジまで行くと、その女の子がニッコリ微笑みます。

先生は、その場で大泣きして、

「ありがとうございます、ありがとうございます。こんな経験をしたかったのです」と、しきりにお礼を言いました。

私は、商売冥利に尽きました。

あなたのつくった商品が、こうしてお客さまの手に、喜びを持って伝えられていくわけです。

これは、商品が無ければ伝えられないことなのです。

こうしてこの本が日の目を見るように尽力してくださった、啓文社書房の漆原亮太社長はじめスタッフの皆様に心よりお礼を申し上げます。

2018年4月

河瀬和幸

◎PROFILE

河瀬和幸（かわせかずゆき）

株式会社カワセ・クリエイティブ・カンパニーず　代表取締役。

千葉商科大学大学院客員教授。売れないモノを、売れない場所で売り続けて、約3万時間。延べ接客人数25万人を観察し、売れるようになる理由を発見。「売れる商品」開発と「伝わる売り方指導」に励む。

『また、売れちゃった!』（ダイヤモンド社）、『売れないモノを売る技術』（KK ベストセラーズ」他、著書多数。

商品プロデュースの発想法

■発行日　　　平成30年4月30日　初版第一刷発行
■発行人　　　漆原亮太
■装丁·DTP　有限会社ノーボ
■発行所　　　啓文社書房
〒160-0022　東京都新宿区新宿1-29-14　パレ·ドール新宿202
電話03-6709-8872
■発売所　　　啓文社
■印刷·製本　株式会社光邦

ISBN 978-4-89992-046-5　C0030　Printed in Japan